Christine Uri

Das
Mondjahr
für dich und
dein Kind
2025

365 gemeinsame Mondlicht-Momente

//////////////////////////////////// SILBERSCHNUR ❦ VERLAG

Alle Rechte vorbehalten.
Außer zum Zwecke kurzer Zitate für Buchrezensionen darf kein Teil dieses Buches ohne schriftliche Genehmigung durch den Verlag nachproduziert, als Daten gespeichert oder in irgendeiner Form oder durch irgendein anderes Medium verwendet bzw. in einer anderen Form der Bindung oder mit einem anderen Titelblatt als dem der Erstveröffentlichung in Umlauf gebracht werden. Auch Wiederverkäufern darf es nicht zu anderen Bedingungen als diesen weitergegeben werden.

© Copyright Verlag »Die Silberschnur« GmbH

ISBN: 978-3-96933-093-7
1. Auflage 2024

Gestaltung & Satz: XPresentation, Güllesheim; unter Verwendung verschiedener Grafiken © Designed by Freepik, www.freepik.com
Umschlaggestaltung: XPresentation, Güllesheim; unter Verwendung eines Motivs von © Designed by Freepik, www.freepik.com
Druck: Buchdruck-Zentrum Prüm

Verlag »Die Silberschnur« GmbH · Steinstr. 1 · 56593 Güllesheim
www.silberschnur.de · E-Mail: info@silberschnur.de

WIDMUNG

Dieses Buch ist für alle geschrieben, die ihre Kinder im Einklang mit der Sonne, dem Mond und den Sternen bilden wollen – für all jene, die an einer wahrhaft naturverbundenen, kosmischen Erziehungsmethode interessiert sind. Ebenso für die »Kinder der neuen Ge~Zeit~en«.

PERSÖNLICHE DATEN

DIESER KALENDER GEHÖRT ...

Name

Adresse

Telefon

E-Mail

Blutgruppe   Rhesusfaktor

Allergien

Medikamente

Notfallkontakt

SYMBOLERLÄUTERUNGEN

Die Mondphasen

 Neumond   zunehmender Halbmond

 Vollmond   abnehmender Halbmond

Siehe auch Kapitel »Dein (lunares) Basiswissen« ab Seite 17.

Symbole in den Kalenderübersichten:

- ● Neumond
- ◐ zunehmender Halbmond
- ○ Vollmond
- ◑ abnehmender Halbmond

 rückläufiger Merkur   Wendetage   Sternschnuppen

Tierkreiszeichen

Widder	Löwe	Schütze
Stier	Jungfrau	Steinbock
♊ Zwillinge	♎ Waage	♒ Wassermann
♋ Krebs	♏ Skorpion	♓ Fische

Mondlicht-Momente

BESONDERE DATEN 2025

Phasen des rückläufigen Merkurs im Jahr 2025

Die Phasen, in denen Merkur rückläufig ist, eignen sich prima, um altes, bereits einmal gelerntes Wissen aufzufrischen, eine Sprache zu wiederholen oder Dinge zu korrigieren und erneut zu überdenken. Missverständnisse und Kommunikationsprobleme sind in dieser Zeit allerdings keine Seltenheit – achte während dieser Zeit genau auf deine Worte und Gedanken. Dieser Planet ist gut drei Mal pro Jahr rückläufig für 21 Tage.

15.3. bis 7.4.2025　　18.7. bis 11.8.2025　　9.11. bis 29.11.2025

Wende- oder Schwendtage

Sogenannte »Schwendtage« kannst du gut nutzen, um etwas zu verändern: Altes oder Unerwünschtes darf an diesen Tagen abgeschlossen, losgelassen oder aufgeräumt werden. Diese Daten sind jedes Jahr gleich.

Januar: 2.–4. | 18.　　Mai: 3. | 10. | 22. | 25.　　September: 21.–28.
Februar: 3. | 6. | 8. | 16.　　Juni: 17. | 30.　　Oktober: 3. | 6. | 11.
März: 13.–15. | 29.　　Juli: 19. | 22. | 28.　　November: 12.
April: 19.　　August: 1. | 17. | 21.–22. | 29.　　Dezember: keine

Sternschnuppen 2025

Wünsche dir etwas im Stillen und lasse Wunder wahr werden ...

Quadrantiden:	28.12. bis 12.1. (Maximum am 3.1.)
Lyriden:	16.4. bis 25.4. (Maximum am 22.4.)
Eta-Aquariiden:	19.4. bis 28.5. (Maximum am 6.5.)
Arietiden:	22.5. bis 2.7. (Maximum am 7.6.)
Perseiden:	17.7. bis 24.8. (Maximum am 12.8.)
Alpha-Aurigiden:	28.8. bis 5.9. (Maximum am 1.9.)
Orioniden:	2.10. bis 7.11. (Maximum am 21.10.)
Leoniden:	14.11. bis 21.11. (Maximum am 17.11.)
Geminiden:	4.12. bis 17.12. (Maximum am 14.12.)
Ursiden:	17.12. bis 26.12. (Maximum am 23.12.)

2025

Januar

KW	Mo	Di	Mi	Do	Fr	Sa	So
1			1	2	3	4	5
2	6	7	8	9	10	11	12
3	13	14	15	16	17	18	19
4	20	21	22	23	24	25	26
5	27	28	29	30	31		

Februar

KW	Mo	Di	Mi	Do	Fr	Sa	So
5						1	2
6	3	4	5	6	7	8	9
7	10	11	12	13	14	15	16
8	17	18	19	20	21	22	23
9	24	25	26	27	28		

März

KW	Mo	Di	Mi	Do	Fr	Sa	So
9						1	2
10	3	4	5	6	7	8	9
11	10	11	12	13	14	15	16
12	17	18	19	20	21	22	23
13	24	25	26	27	28	29	30
14	31						

April

KW	Mo	Di	Mi	Do	Fr	Sa	So
14		1	2	3	4	5	6
15	7	8	9	10	11	12	13
16	14	15	16	17	18	19	20
17	21	22	23	24	25	26	27
18	28	29	30				

Mai

KW	Mo	Di	Mi	Do	Fr	Sa	So
18				1	2	3	4
19	5	6	7	8	9	10	11
20	12	13	14	15	16	17	18
21	19	20	21	22	23	24	25
22	26	27	28	29	30	31	

Juni

KW	Mo	Di	Mi	Do	Fr	Sa	So
22							1
23	2	3	4	5	6	7	8
24	9	10	11	12	13	14	15
25	16	17	18	19	20	21	22
26	23	24	25	26	27	28	29
27	30						

Juli

KW	Mo	Di	Mi	Do	Fr	Sa	So
27		1	2	3	4	5	6
28	7	8	9	10	11	12	13
29	14	15	16	17	18	19	20
30	21	22	23	24	25	26	27
31	28	29	30	31			

August

KW	Mo	Di	Mi	Do	Fr	Sa	So
31					1	2	3
32	4	5	6	7	8	9	10
33	11	12	13	14	15	16	17
34	18	19	20	21	22	23	24
35	25	26	27	28	29	30	31

September

KW	Mo	Di	Mi	Do	Fr	Sa	So
36	1	2	3	4	5	6	7
37	8	9	10	11	12	13	14
38	15	16	17	18	19	20	21
39	22	23	24	25	26	27	28
40	29	30					

Oktober

KW	Mo	Di	Mi	Do	Fr	Sa	So
40			1	2	3	4	5
41	6	7	8	9	10	11	12
42	13	14	15	16	17	18	19
43	20	21	22	23	24	25	26
44	27	28	29	30	31		

November

KW	Mo	Di	Mi	Do	Fr	Sa	So
44						1	2
45	3	4	5	6	7	8	9
46	10	11	12	13	14	15	16
47	17	18	19	20	21	22	23
48	24	25	26	27	28	29	30

Dezember

KW	Mo	Di	Mi	Do	Fr	Sa	So
49	1	2	3	4	5	6	7
50	8	9	10	11	12	13	14
51	15	16	17	18	19	20	21
52	22	23	24	25	26	27	28
1	29	30	31				

1·2025

1	Mi	
2	Do	🌠
3	Fr	⭐ 🌠
4	Sa	🌠
5	So	
6	Mo	
7	Di	◐
8	Mi	
9	Do	
10	Fr	
11	Sa	
12	So	
13	Mo	○
14	Di	
15	Mi	
16	Do	
17	Fr	
18	Sa	🌠
19	So	
20	Mo	
21	Di	◐
22	Mi	
23	Do	
24	Fr	
25	Sa	
26	So	
27	Mo	
28	Di	
29	Mi	●
30	Do	
31	Fr	

2·2025

1	Sa	
2	So	
3	Mo	🌠
4	Di	
5	Mi	◐
6	Do	🌠
7	Fr	
8	Sa	🌠
9	So	
10	Mo	
11	Di	
12	Mi	○
13	Do	
14	Fr	
15	Sa	
16	So	🌠
17	Mo	
18	Di	
19	Mi	
20	Do	◐
21	Fr	
22	Sa	
23	So	
24	Mo	
25	Di	
26	Mi	
27	Do	
28	Fr	●

3·2025

1	Sa	
2	So	
3	Mo	
4	Di	
5	Mi	
6	Do	◐
7	Fr	
8	Sa	
9	So	
10	Mo	
11	Di	
12	Mi	
13	Do	(ω)
14	Fr	(ω) ○
15	Sa	(ω) ☿ᴿ
16	So	
17	Mo	
18	Di	
19	Mi	
20	Do	
21	Fr	
22	Sa	◑
23	So	
24	Mo	
25	Di	
26	Mi	
27	Do	
28	Fr	
29	Sa	(ω) ●
30	So	
31	Mo	

4·2025

1	Di	
2	Mi	
3	Do	
4	Fr	
5	Sa	◐
6	So	
7	Mo	
8	Di	
9	Mi	
10	Do	
11	Fr	
12	Sa	
13	So	○
14	Mo	
15	Di	
16	Mi	
17	Do	
18	Fr	
19	Sa	(ω)
20	So	
21	Mo	◑
22	Di	☄
23	Mi	
24	Do	
25	Fr	
26	Sa	
27	So	●
28	Mo	
29	Di	
30	Mi	

5·2025

1	Do	
2	Fr	
3	Sa	(w)
4	So	●
5	Mo	
6	Di	☄
7	Mi	
8	Do	
9	Fr	
10	Sa	(w)
11	So	
12	Mo	○
13	Di	
14	Mi	
15	Do	
16	Fr	
17	Sa	
18	So	
19	Mo	
20	Di	◐
21	Mi	
22	Do	(w)
23	Fr	
24	Sa	
25	So	(w)
26	Mo	
27	Di	●
28	Mi	
29	Do	
30	Fr	
31	Sa	

6·2025

1	So	
2	Mo	
3	Di	◐
4	Mi	
5	Do	
6	Fr	
7	Sa	☄
8	So	
9	Mo	
10	Di	
11	Mi	○
12	Do	
13	Fr	
14	Sa	
15	So	
16	Mo	
17	Di	(w)
18	Mi	◐
19	Do	
20	Fr	
21	Sa	
22	So	
23	Mo	
24	Di	
25	Mi	●
26	Do	
27	Fr	
28	Sa	
29	So	
30	Mo	(w)

7·2025

1	Di	
2	Mi	◐
3	Do	
4	Fr	
5	Sa	
6	So	
7	Mo	
8	Di	
9	Mi	
10	Do	○
11	Fr	
12	Sa	
13	So	
14	Mo	
15	Di	
16	Mi	
17	Do	
18	Fr	☿ᴿ ◑
19	Sa	☄
20	So	
21	Mo	
22	Di	☄
23	Mi	
24	Do	●
25	Fr	
26	Sa	
27	So	
28	Mo	☄
29	Di	
30	Mi	
31	Do	

8·2025

1	Fr	☄ ◑
2	Sa	
3	So	
4	Mo	
5	Di	
6	Mi	
7	Do	
8	Fr	
9	Sa	○
10	So	
11	Mo	
12	Di	☆
13	Mi	
14	Do	
15	Fr	
16	Sa	◐
17	So	☄
18	Mo	
19	Di	
20	Mi	
21	Do	☄
22	Fr	☄
23	Sa	●
24	So	
25	Mo	
26	Di	
27	Mi	
28	Do	
29	Fr	☄
30	Sa	
31	So	◐

9·2025

1	Mo	⭐
2	Di	
3	Mi	
4	Do	
5	Fr	
6	Sa	
7	So	○
8	Mo	
9	Di	
10	Mi	
11	Do	
12	Fr	
13	Sa	
14	So	●
15	Mo	
16	Di	
17	Mi	
18	Do	
19	Fr	
20	Sa	
21	So	(ω) ●
22	Mo	(ω)
23	Di	(ω)
24	Mi	(ω)
25	Do	(ω)
26	Fr	(ω)
27	Sa	(ω)
28	So	(ω)
29	Mo	
30	Di	●

10·2025

1	Mi	
2	Do	
3	Fr	(ω)
4	Sa	
5	So	
6	Mo	(ω)
7	Di	○
8	Mi	
9	Do	
10	Fr	
11	Sa	(ω)
12	So	
13	Mo	●
14	Di	
15	Mi	
16	Do	
17	Fr	
18	Sa	
19	So	
20	Mo	
21	Di	⭐ ●
22	Mi	
23	Do	
24	Fr	
25	Sa	
26	So	
27	Mo	
28	Di	
29	Mi	●
30	Do	
31	Fr	

11 · 2025

1	Sa	
2	So	
3	Mo	
4	Di	
5	Mi	○
6	Do	
7	Fr	
8	Sa	
9	So	☿ᴿ
10	Mo	
11	Di	
12	Mi	(ω) ◐
13	Do	
14	Fr	
15	Sa	
16	So	
17	Mo	🌠
18	Di	
19	Mi	
20	Do	●
21	Fr	
22	Sa	
23	So	
24	Mo	
25	Di	
26	Mi	
27	Do	
28	Fr	◐
29	Sa	
30	So	

12 · 2025

1	Mo	
2	Di	
3	Mi	
4	Do	
5	Fr	○
6	Sa	
7	So	
8	Mo	
9	Di	
10	Mi	
11	Do	◐
12	Fr	
13	Sa	
14	So	🌠
15	Mo	
16	Di	
17	Mi	
18	Do	
19	Fr	
20	Sa	●
21	So	
22	Mo	
23	Di	🌠
24	Mi	
25	Do	
26	Fr	
27	Sa	◐
28	So	
29	Mo	
30	Di	
31	Mi	

Schulferien Deutschland 2025

	Winter	Ostern/ Frühjahr	Himmelfahrt/ Pfingsten	Sommer	Herbst	Weihnachten
Baden-Württemberg	–	14.04. – 26.04.	10.06. – 20.06.	31.07. – 13.09.	27.10. – 30.10.|31.10.	22.12. – 05.01.
Bayern	03.03. – 07.03.	14.04. – 25.04.	10.06. – 20.06.	01.08. – 15.09.	03.11. – 07.11.|19.11.	22.12. – 05.01.
Berlin	03.02. – 08.02.	14.04. – 25.04.	10.06.	24.07. – 06.09.	20.10. – 01.11.	22.12. – 02.01.
Brandenburg	03.02. – 08.02.	14.04. – 25.04.	10.06.	24.07. – 06.09.	20.10. – 01.11.	22.12. – 02.01.
Bremen	03.02. – 04.02.	07.04. – 19.04.	30.05.|10.06.	03.07. – 13.08.	13.10. – 25.10.	22.12. – 05.01.
Hamburg	31.01.	10.03. – 21.03.	26.05. – 30.05.	24.07. – 03.09.	20.10. – 31.10.	17.12. – 02.01.
Hessen	–	07.04. – 21.04.	–	07.07. – 15.08.	06.10. – 18.10.	22.12. – 10.01.
Mecklenb.-Vorpom.	03.02. – 14.02.	14.04. – 23.04.	06.06. – 10.06.	28.07. – 06.09.	20.10. – 25.10.	22.12. – 05.01.
Niedersachsen	03.02. – 04.02.	07.04. – 19.04.	30.05.|10.06.	03.07. – 13.08.[1]	13.10. – 25.10.	22.12. – 05.01.
NRW	–	14.04. – 26.04.	10.06.	14.07. – 26.08.	13.10. – 25.10.	22.12. – 06.01.
Rheinland-Pfalz	–	14.04. – 25.04.	–	07.07. – 15.08.	13.10. – 24.10.	22.12. – 07.01.
Saarland	24.02. – 04.03.	14.04. – 25.04.	–	07.07. – 14.08.	13.10. – 24.10.	22.12. – 02.01.
Sachsen	17.02. – 01.03.	18.04. – 25.04.	30.05.	28.06. – 08.08.	06.10. – 18.10.	22.12. – 02.01.
Sachsen-Anhalt	27.01. – 31.01.	07.04. – 19.04.	30.05.	28.06. – 08.08.	13.10. – 25.10.	22.12. – 05.01.
Schleswig-Holstein	–	11.04. – 25.04.	30.05.	28.07. – 06.09.[2]	20.10. – 30.10.	19.12. – 06.01.
Thüringen	03.02. – 08.02.	07.04. – 19.04.	30.05.	28.06. – 08.08.	06.10. – 18.10.	22.12. – 03.01.

1) Auf den niedersächsischen Nordseeinseln gelten Sonderregeln.
2) Auf den Inseln Sylt, Föhr, Helgoland und Amrum sowie auf den Halligen enden die Sommerferien eine Woche früher, die Herbstferien beginnen eine Woche früher.

Alle Angaben ohne Gewähr.

Schulferien Österreich 2025

	Semesterferien	Ostern	Pfingsten	Sommer	Herbst	Weihnachten
Burgenland	10.02. – 16.02.	12.04. – 21.04.	07.06. – 09.06.	28.06. – 31.08.	27.10. – 31.10.	24.12. – 06.01.
Kärnten	10.02. – 16.02.	12.04. – 21.04.	07.06. – 09.06.	05.07. – 07.09.	27.10. – 31.10.	24.12. – 06.01.
Niederösterreich	03.02. – 09.02.	12.04. – 21.04.	07.06. – 09.06.	28.06. – 31.08.	27.10. – 31.10.	24.12. – 06.01.
Oberösterreich	17.02. – 23.02.	12.04. – 21.04.	07.06. – 09.06.	05.07. – 07.09.	27.10. – 31.10.	24.12. – 06.01.
Salzburg	10.02. – 16.02.	12.04. – 21.04.	07.06. – 09.06.	05.07. – 07.09.	27.10. – 31.10.	24.12. – 06.01.
Steiermark	17.02. – 23.02.	12.04. – 21.04.	07.06. – 09.06.	05.07. – 07.09.	27.10. – 31.10.	24.12. – 06.01.
Tirol	10.02. – 16.02.	12.04. – 21.04.	07.06. – 09.06.	05.07. – 07.09.	27.10. – 31.10.	24.12. – 06.01.
Vorarlberg	10.02. – 16.02.	12.04. – 21.04.	07.06. – 09.06.	05.07. – 07.09.	27.10. – 31.10.	24.12. – 06.01.
Wien	03.02. – 09.02.	12.04. – 21.04.	07.06. – 09.06.	28.06. – 31.08.	27.10. – 31.10.	24.12. – 06.01.

Schulferien Schweiz 2025

Aufgrund der späten Festlegung und der großen kantonalen Unterschiede der Schweizer Ferien verweisen wir für die genauen Ferientermine auf die offizielle Webseite www.edk.ch

Alle Angaben ohne Gewähr.

Vorwort

Wir alle befinden uns am Beginn einer neuen Ära, es ist das Zeitalter der Astrologie – Schwingung und Synergie mit dem Universum stehen hoch im Kurs. Die aktuellen Herausforderungen verlangen neue, kosmische, spirituelle Erziehungsmethoden, die im Einklang stehen mit dem wahren seelischen Wesen von Eltern und Kind und auch die feinstofflichen Ebenen mit einbeziehen.

Hast du dich jemals gefragt, wie du die oft so unterschiedlichen – ja oftmals so unberechenbaren, disharmonischen – Tagesenergien meistern kannst? Wie du in Synergie mit den sich ständig wandelnden Kräften leben kannst? Du möchtest dir die Wirkung des »richtigen Zeitpunkts« in der Erziehung zunutze machen? Du möchtest die Tagesenergie auf harmonische Weise für die Entfaltung von Talenten nutzen? Du benötigst Ideen, wie du die Stunden mit Kind auf einfühlsame Weise gestalten kannst? Dann öffne dieses Buch und tauche ein in das mystische Reich der Mondsynergien.

Dieser Kalender ist für dich, wenn du mit deinem Kind Mondlicht-Momente im Flow mit den Gezeitenkräften erleben möchtest. Neben Erziehungstipps im Einklang mit den Mondenergien enthält dieses Büchlein auch zahlreiche Impulse für dein Kind für Aktivitäten im Rhythmus des Mondes. Fragen zur Selbstreflexion runden das wöchentliche Geschehen ab.

Möge dieser Kalender dein lunares Bewusstsein (wieder-)erwecken, falls du es in irgendeiner Weise verloren hast. Möge er dich in die Energien des Zodiaks einweihen – Tag für Tag etwas mehr ... Möge er deine Kenntnisse über den Mond vertiefen und dir zeigen, wie unmittelbar der Einfluss der astrologischen Sternmuster im alltäglichen Leben mit Kindern wahrnehmbar ist ... Wie unverblümt und direkt sie diese in ihren Worten, Gefühlen und Handlungen wiedergeben und ausstrahlen ... Wie du die stellaren Förderpotenziale der Tage für ein harmonisches Wachstum deines Kindes nutzen kannst.

Hab Interesse an deiner Entwicklung und an der deines Kindes. Übe dich darin, das Leben und die lunaren Kindertage so angenehm wie möglich zu gestalten. Hüte den Tag! CARPE DIEM!

Worum geht es?

Wir alle sind eingebettet in das wundervolle System der göttlichen Schöpfung. Es muss wohl einen tieferen Sinn haben, warum wir alle Nacht für Nacht denselben Mond betrachten können. Ganz egal, wo auf der Erde du dich gerade befindest, wie du dich fühlst, wonach du dich sehnst ... Der Mond war, ist und bleibt immer da für dich, vom Anfang bis zum Ende deiner Tage auf diesem Planeten.

Astrologisch gesehen symbolisiert der Mond die emotionalen Bedürfnisse, das Mutterbild, Geborgenheit, Nestwärme, Wohlbefinden und vor allem auch die Seele. Er hat die Aufgabe, das zu vermitteln, was uns emotional nährt und uns guttut. Er ist dem Element Wasser zugeordnet und hat elektromagnetische Kräfte. Diese offenbaren sich in Ebbe und Flut, in unseren Körpern, im Plasma unseres Körpers und haben Einfluss auf unser Gehirn. Der Mond steht für die Yin-Seite in uns, den unbewusst-reaktiven Teil, der empfängt und in die Welt spiegelt. Der Silberstrahl des Mondes entzieht sich einer rein wissenschaftlichen Deutung. Aber dass er formende, gestaltgebende und bildende Kräfte hat, die ganzheitlich auf unsere Körper, unsere Seele und unseren Geist einwirken, ist mittlerweile vielerorts anerkannt.

Als Himmelskörper steht der Mond der Erde am nächsten. Daher ist es naheliegend, ihn als einen primären Bezugspunkt im Alltag mit Kindern, für deren Erziehung und Bildung zu berücksichtigen. Lunare Kindertage sind glückliche Kindertage! Eine glückliche Kindheit im Einklang mit dem Kosmos, den Sternen, der Sonne, dem Mond ... In dem neuen Zeitalter, in das wir gerade eintreten, ist es wichtig, eine klare, gesunde Verbindung zum Kosmos und den uns umgebenden Naturkräften zu haben – das »Gesetz der Einheit« (wie oben, so unten; wie innen, so außen; wie im Großen, so im Kleinen) gewinnt an Bedeutung. Wie lassen sich also die uns umgebenden lunaren, prägenden Kräfte pädagogisch nutzen?

Der Mond spielt eine prägende Rolle in der Kindheit: Grundsätzlich gibt der Mond Aufschluss über das, was dem Kind Geborgenheit und Sicherheit schenkt, auf welche Art es fühlt, wie es mit seinen Emotionen umgeht und welche Bedürfnisse seine Seele hat, was ihm ein Gefühl der Sicherheit gibt – und wie es unbewusst innerlich auf das Alltagsleben reagiert. Egal, ob es sich dabei um die »lunare Lebensenergie« (entsprechend dem Zeichen, in dem sich der Mond im Geburtshoroskop befindet) handelt oder die »lunare Tagesenergie« (d. h. das Sternzeichen, in dem er sich im Wechsel von 2 bis 3 Tagen im Zodiak befindet): Der Mond zeigt immer an, was das Kind für sein Wohlbefinden besonders braucht.

Man sagt, je jünger das Kind ist, desto zentraler sind die Themen des Mondes. Es erlebt oftmals ungefiltert das Einwirken der höheren Dimensionen auf Erden, und in den ersten Lebensjahren ist das Kind eng mit den fließenden, plasmatischen, feinstofflichen Ebenen der Seele verbunden und die Schranken zum Unterbewusstsein sind weit geöffnet: Dieses bildet sich ja bekanntlich besonders im ersten Jahrsiebt aus – doch sicherlich auch darüber hinaus ...

Im Leben mit Kindern sind wir auf ganz natürliche Weise stets mit diesen kosmischen Einflüssen konfrontiert. Wir sollten uns ihrer Entsprechungen bewusst sein – und die Tagesqualitäten und die damit verbundenen Förderpotenziale nutzen für das Lernen und die Entwicklung.

Dein (lunares) Basiswissen

Die Mondphasen

Jede der vier Mondphasen (Neumond, zunehmender Mond, Vollmond, abnehmender Mond) wirkt innerhalb von jeweils gut 7 Tagen, und zusammen bilden sie einen Monatszyklus von gut 28 Tagen. Dieses Wechselspiel ermöglicht ein inneres wie äußeres Wachstum und lässt die Seele reifen.

Die Phasen des Mondes dienen bei der lunaren Erziehung als Inspiration und Orientierung für Lernprozesse. Der Mond eignet sich hervorragend, um dem Kindjuwel die Welt der Emotionen zu erklären: »Mal wächst deine innere Energie an, mal nimmt sie ab. Mal fühlst du dich stark, mal schwach.« Wir alle erleben Höhepunkte als auch Ruhephasen wie beim Halbmond, einem Ruhetag. Eine Pause darf eingelegt werden – eine gute Zeit für Erholung und Entspannung. Komme in Balance! So übt jede Mondphase ihre eigenen Wirkkräfte auf uns aus, beeinflusst das Seelenleben, den Geist und den Körper – sowie dein Kind!

NEUMOND:

NEUANFANG, INITIATIVE, SAMEN SÄEN, KRÄFTEBÜNDELUNG, NEUAUSRICHTUNG, ZIELSETZUNG, SUBJEKTIVITÄT, INTROVERSION, YIN

An diesem Tag geschieht ein Neubeginn – das Leben auf Erden tritt in eine neue Dimension ein, wir alle tauchen ein in eine ursprüngliche Schwingung. Das Sternzeichen, in das der Neumond fällt, gibt den Ton und die Färbung an für den kommenden Mondzyklus. Es ist ein Einatmen, eine Art Innehalten, das uns hilft, wieder einen guten Ausgangspunkt zu erschaffen. Die Energien sind konzentriert und frisch und können so bewusst in neue Vorhaben gelenkt werden.

Nutze diesen Schwung, um ein neues Projekt zu beginnen. Richte deinen Pfeil auf ein klares Ziel aus, für das du eine wohlüberlegte Entscheidung getroffen hast. Die Tore zum Unterbewusstsein sind an diesem Tag weit geöffnet. Daher eignet sich der »dunkle Mond« zur Innenschau. Es herrscht eine erhöhte Subjektivität: Wir können emotional leichter in uns einkehren und uns selbst über unsere Gefühle besser wahrnehmen. Kurze Pausen vom Alltag werden Wunder wirken. Die stärkende Kraft von Gebet, Meditation oder Ritual wird in deinem Leben sicherlich etwas zum Guten wenden.

Oftmals erwacht entsprechend der Sternzeichenenergie des Neumondes ein besonderes Talent oder spontanes Interesse deines Kindes, und Neues kann gezielt begonnen werden. Doch überfordere dein Kind nicht. Konzentriere dich auf EINE Änderung, die gezielt vorgenommen, angegangen und durch ein Gespräch thematisiert wird. Sollte Entwicklungsbedarf in Bezug auf eine bestimmte Fähigkeit bestehen, ist es besonders sinnvoll, zu Neumond mit deren Schulung und Förderung zu beginnen. Das Lernthema taucht auf.

- Impuls zur Himmelsbeobachtung: Erlebe bei klarem Himmel mit deinem Kind in Neumondnächten das Wunder der Myriaden von Sternen!
- Nutze die Stille dieses Tages für ein sinnierendes Gespräch mit deinem Kind. Denke hierbei auch daran, dass jeder Mondzyklus seine eigenen Nahrungsmittelqualitäten, Gestaltungselemente und Rituale mit sich bringt. *Hast du Lust, etwas Neues zu beginnen? Hast du eine neue Idee? Was können wir im neuen Mondzyklus verändern oder besser machen? Tut uns dieses oder jenes (Ernährung, Rhythmen, Angewohnheiten) überhaupt noch gut? Was braucht dein Körper, um sich stark und gesund zu fühlen? Was ist unser »Zauberwort« für die nächsten 4 Wochen?*

- Innere Bilder: Es öffnet sich eine Tür in einen neuen, lichtvollen Raum. Der Same wird gesät.

ZUNEHMENDER MOND:
AUFBAU, AUFNAHME, EINATMEN, GEDEIHEN, INTENSIVIERUNG, WACHSTUM

Am Himmel erscheint zunächst eine sehr dünne, nach links geneigte Sichel, die täglich zunimmt und an Kraft gewinnt. Sie kündigt eine Phase des Aufnehmens, des Wachstums, des Gedeihens und der Schwungkraft an. Energien und positive Lösungsmuster werden integriert und gespeichert. Die ansteigenden Energien lassen sich auf allen Ebenen gut in Form von Schöpferkraft und Produktivität ausdrücken. Es ist die Zeit für Aktion. Behalte die Dinge im Blick, die du in deinem Leben anziehen möchtest, und wende dich voller Tatkraft den Elementen zu, die in deinem Leben zunehmen sollen. Achte gut auf alles, was du im ersten Viertel des Mondes fühlst, denkst, sagst und tust, denn es hat eine bestimmende Auswirkung auf den Lauf der Dinge für den Rest des Zyklus.

Den Tagesenergien entsprechend erfolgen Wachstums- und Entwicklungsschübe. Neues Wissen wird motiviert aufgenommen, es wird verbessert und verfeinert. An diesen Tagesenergien kannst du natürlich viel bewusster teilhaben oder sie unterstützen, wenn du sie achtsam wahrnimmst und eure Aktivitäten entsprechend ausrichtest. Mache dich auf tendenzielle Geschehnisse gefasst, und notiere dir Auffälligkeiten sowie wirksame Mittel, um mit den sich wandelnden Tagesformen besser umgehen zu können. Das Lernthema wird, entsprechend der lunaren Tagesenergie, aktiv eingeübt und verinnerlicht.

- Impuls zur Himmelsbeobachtung: Diese Phase lässt sich deutlich daran erkennen, dass man die Mondsichel in ein »Z« (wie »zunehmender Mond«) einbetten kann. Sie lässt sich in zwei Abschnitte teilen – im ersten Viertel ist der Mond »konkav«, im zweiten Viertel »konvex«:

zunehmender Mond »konkav«   zunehmender Mond »konvex«

- Diese Phase eignet sich gut für Attraktionsmagie. Erinnere dich mit deinem Kind an die Wünsche, Energien und Ziele, die zu Neumond aufkamen. *Welche Wünsche und Hoffnungen senden wir in die Welt? Was soll weiterhin zunehmen und* sich aufbauen? Wie steht es um die Entwicklung der (neuen) Fähigkeit? Welche Vitamine, Nährstoffe, Mineralien oder Medizin braucht der Körper, um gekräftigt zu sein? Was gibt es noch zu bereinigen, zu vergeben oder zu erlösen bis Vollmond, damit wir diese hohe Energie genießen können?

- Inneres Bild: Die Pflanze wächst und gedeiht.

VOLLMOND:
ENERGIEERHÖHUNG, ERKENNTNISSE, ERFÜLLUNG, FRUCHTBARKEIT, FÜLLE, ERNTE, HÖHEPUNKT, FREISETZUNG, PERFEKTION, WENDEPUNKT, DYNAMIK, EINGEBUNGEN, VISIONEN, OBJEKTIVITÄT, EXTROVERSION, YANG

Es ist die energetischste Zeit und Wunder geschehen! Die Impulse des Mondes und des damit verbundenen Sternzeichens sind zu diesem Zeitpunkt am stärksten wahrnehmbar. Es ist wichtig zu wissen, dass sie oftmals schon im Vorfeld bzw. noch Tage danach die anderen Tagesenergien überstrahlen. Herrscht etwa im Sommer Vollmond im Schützen, ist es an den Steinbock-Tagen danach oftmals noch wärmer, als es an diesem Kältetag normalerweise üblich ist. Zu Vollmond ist das Maximum erreicht, und es erfolgt die Freisetzung von Energie. Oftmals schenkt dir der Vollmond wunderbare, eindrucksvolle Träume und Visionen von seltener Tiefe. Hellsichtige Momente kommen besonders oft vor. Die Objektivität ist verstärkt – wir können uns selbst durch eine erfüllte Anbindung »von oben« wahrnehmen. Öffne dein Sein und Fühlen für das höhere Licht, für die spirituellen Sphären des Daseins! Die seelische Kraft befindet sich in voller Blüte. Stelle Vollmondwasser her, indem du Wasser für einige Zeit ins Mondlicht stellst. Trinke es anschließend, oder gieße es in dein Vollmondbad.

Besonders bei wolkenlosem Himmel kann ein Baby im Vollmondlicht »gebadet« werden – wenn auch nur sehr kurz. Diesem Licht werden segnende, belebende und heilsame Kräfte nachgesagt; wird dies im ersten Lebensjahr praktiziert, wird das komplette Spektrum an feinstofflichen Strahlen aufgenommen. Da die Fontanelle zu Beginn des Lebens noch weit geöffnet ist, empfängt das Baby die Kräfte direkt, wenn du sein Köpfchen dem Vollmond zuwendest. Bade auch du im Licht des Mondes. Begib dich auf eine schöne Stelle in der Natur oder auf deinen Balkon und tauche für ein paar Minuten in dieses magische Licht ein.

Auch in diesem »Urmeer« ausgeführtes Yoga oder Meditationen haben eine nachhaltige, effektvolle und einzigartige Wirkung.

Der Vollmond hat eine magische Anziehungskraft, vor allem auch auf Kinder. In dieser kraftvollen Zeit erlebt dein Kind alles intensiver. Falls nun Seiten zum Vorschein kommen, die mit Unsicherheiten verbunden sind, kläre sie und hilf ihm/ihr, diese Schwere wieder loszulassen. Die Energien des Tierkreiszeichens erreichen ihre extreme Ausprägung – im Guten wie im Negativen. Lebhaftigkeit und Wagemut könnten übersprudeln in Form von »Überdrehtheit« und drohen überzufließen, wenn sie nicht in geeignete, wohlgeformte Bahnen gelenkt werden. Die Kräfte reichen über das alltägliche Maß hinaus, daher passe auf, dass du nicht über dein Ziel hinausschießt und dich übernimmst – die Energien könnten sonst verwirrende Wege gehen. Wenn du dich allerdings bewusst an den schönen Seiten ausrichtest, bist du auf der sicheren Seite, einen wundervollen Tag voller Mirakel zu erleben. Gestalte die Vollmondtage mit deinem Kind also ganz bewusst, triff wohlüberlegte Entscheidungen für sinnvolle Aktivitäten und wähle ein hochfrequentes Tagesmuster. So können wahre Höhenflüge ermöglicht werden! Die Bereitschaft deines Kindes, sich außergewöhnlichen Aktivitäten zu öffnen, auf die es später mit Erstaunen und Stolz zurückblickt, ist nun besonders groß. Halte diese Erlebnisse und Eindrücke vielleicht in Form eines Albums mit Vollmondbildern fest, oder sammle Impressionen in einem Vollmondtagebuch ... Es könnte – der Tagesenergie entsprechend – die Erweckung und Schulung der »übersinnlichen« Fähigkeiten stattfinden! Erfolg hat sich eingestellt und Können ist erreicht. Das Lernthema erstrahlt in überirdischem Glanz.

- Tipp zur Himmelsbeobachtung: Der Mond erstrahlt in seiner vollen Pracht als kreisrunde, leuchtende Sphäre am Himmel. *Was fühlst du in dem Moment, in dem er am Horizont aufgeht? Welche Farben nimmt seine Aura an? Wofür bist du dankbar in deinem Leben? Welches »Zauberwort« hatten wir uns für diesen Monat ausgedacht?*

- Innere Bilder: Die Pflanze erblüht in ihrer vollen Pracht. Ein Raum wird durchströmt mit höherem Licht.

ABNEHMENDER MOND:
ABNAHME, ABGABE, AUSATMEN, ENTSCHLACKUNG, REINIGUNG

Am Himmel erscheint nun eine nach rechts geöffnete Sichel, die täglich dünner wird und die Kräfte wieder freisetzt. Energien werden losgelöst, entfesselt und befreit. Die Kraft des Mondes geht wieder zurück, und die reduzierenden Einflüsse geben den Ton an. Er unterstützt Prozesse der Reinigung und Entschlackung. Seine Wirkung ist eher beruhigend und abbauend. Trenne dich von unliebsamen Dingen oder Beziehungen, die dir in deinem Leben nicht länger dienlich sind. Räume auf, putze, entrümple, verabschiede dich von allem Alten und Beschwerlichen. Entwöhne dich von schädlichen Eigenarten und Gewohnheiten, die dir nur noch eine Last sind. Vollende deine Projekte, bringe zum Abschluss, was du bei Neumond begonnen hast. Der Körper fühlt sich von Tag zu Tag leichter an.

Den Tagesenergien entsprechend werden Lern- und Entwicklungsvorgänge integriert, reformiert und vollendet. Die Fähigkeit wird durch Übung weiterhin verinnerlicht und veräußert durch Demonstration – sie findet nun Anwendung durch Übung, eventuell bereits auf gekonnte Weise. Das zu Neumond initiierte Potenzial wird verwirklicht und im Außen vorgeführt. Du kannst die Integration eines Talents unterstützen, indem du achtsam die Fortschritte deines Kindes entsprechend der Tagesenergie wahrnimmst und wertschätzt. Die Reflexion des Erreichten geschieht durch Rückblick und Erinnerungen. Bringe gemeinsam mit deinem Kind Dinge zu Ende, die es noch vor Neumond hinter sich zu bringen gilt. Die Quintessenz des Lernthemas kristallisiert sich heraus und ist im System integriert worden – ganz im Sinne der individuellen Neigungen und Anlagen deines Kindes!

- Impuls zur Himmelsbeobachtung: Diese Phase lässt sich deutlich daran erkennen, dass man die Mondsichel in ein »a« (wie »abnehmender Mond«) einbetten kann. Auch diese lässt sich in zwei Abschnitte teilen – im ersten abnehmenden Viertel ist der Mond konvex, im zweiten abnehmenden Viertel dann konkav:

abnehmender Mond »konvex«   *abnehmender Mond »konkav«*

- Erinnere dich gemeinsam mit deinem Kind an die Energien, Wünsche und Ziele, die ihr zu Neumond aktiviert habt. *Wie kann die neue Fähigkeit in der Alltagspraxis verinnerlicht werden durch Übung, Spiele oder Demonstration? Was möchten wir noch bis Neumond fertigbringen? Wovon verabschieden wir uns?*

- Inneres Bild: Die Pflanze zersetzt sich, gibt ihre Bestandteile ab und sät sich neu aus – all das führt zu einer Neuorientierung ...

LUNARER HINWEIS: Das Jahr 2025 wird exakt 12 Vollmonde und 12 Neumonde haben. Zwei Mal findet eine totale Mondfinsternis statt – zu Neumond in Fische Anfang März und im September im Sternzeichen Jungfrau. Tiefe emotionale Wandlungsprozesse und Neuanfänge stehen in diesen Monaten bevor.

Das Gegensatzpaar von Yin und Yang

Der Tierkreis beginnt mit dem Yang-Zeichen Widder, darauf folgt das Yin-Zeichen Stier. Dieses Muster setzt sich noch fünf weitere Male fort. Mäanderförmig geschieht die zeitliche Abfolge der 6 Zeichenpaare – von aufsteigend zu absteigend, aktiv zu passiv, männlich zu weiblich, dynamisch zu ruhig ... Die Weisheit des Zodiaks spiegelt gleich einer Welle den fließenden Entwicklungsprozess allen Lebens wider. Für etwa 2 Tage steht der Mond in einem Yin-Zeichen, die nächsten 2 Tage wieder in einem Yang-Zeichen. An Yin-Tagen ist man eher geneigt, zu Hause zu bleiben und sich zurückzuziehen, an Yang-Tagen tendiert man mehr dazu, aufzubrechen und Ausflüge zu machen.

Yin-Zeichen: Stier, Krebs, Jungfrau, Skorpion, Steinbock, Fische
Yang-Zeichen: Widder, Zwillinge, Löwe, Waage, Schütze, Wassermann

Die 3 Qualitäten

Sternzeichen lassen sich in 3 Gruppen einteilen. Verallgemeinert lässt sich über die Tagesqualität sagen:

- Steht der Mond in kardinalen Zeichen (Widder, Krebs, Waage, Steinbock), wird gerne die Initiative übernommen und durch Gefühle unmittelbar Energie freigesetzt.
- Steht der Mond in fixen Zeichen (Stier, Löwe, Skorpion, Wassermann), ist die emotionale Ebene stark von Gewohnheitsstrukturen und beständigen, festen Mustern geprägt.
- Steht der Mond in veränderlichen Zeichen (Zwillinge, Jungfrau, Schütze, Fische), besteht die Neigung und Notwendigkeit, Gefühle stärker an sich wandelnde Bedingungen anzupassen.

Die 3 Qualitäten kardinal, fix und veränderlich liegen jeder Entwicklung zu Grunde. Dieses dreifaltige Modell lässt sich anhand des Gangs beispielhaft veranschaulichen: Wenn das Kind geht, hebt es zunächst den Fuß (kardinal-impulsgebender

Moment), hält ihn in der Luft (fix-stabiler Moment) und setzt den Fuß wieder auf, um aufs Neue zu gehen (veränderlich-anpassender Moment). Diese drei Facetten prägen jeden Schritt und ermöglichen so die fortschreitende Entwicklung in Dreifaltigkeit. Auch Lernen basiert auf diesem Muster: Das Kind bekommt einen Lernimpuls, eine Idee oder einen Auftrag. Das Lernthema wird eine Zeit lang beständig eingeübt, und anschließend kann es auf neue Situationen übertragen werden.

Die 4 Elemente

Schon seit Anbeginn der Zeit sind Feuer, Erde, Luft und Wasser Bestandteile unseres Lebens und so auch einer jeden Kindheit. Sie sind allgegenwärtig, Tag für Tag, und so scheint es, als wüsste jedes Kind ganz instinktiv, wie man mit den Elementen spielt, die ein großes, einflussreiches und machtvolles Kraftfeld bilden. Die Elemente sind etwas sehr Beeindruckendes für Kinder: Es erinnert sie daran, dass sie von erhabenen Kräften umgeben sind, die auf sie einwirken. Auf spielerische Weise erfährt sich das Kind als Teil von allem, was es umgibt – als Teil von etwas sehr Großem und Heiligem (Gesetz der Einheit).

Jedes Element hat Eigenschaften, die genutzt werden können, um die kindliche Entwicklung positiv, auf natürliche, sinnliche oder subtile Weise zu beeinflussen – je nach Temperament des Tages.

Wie kannst du die Energien des Mondes in euren Alltag integrieren?

Die Energien der Elemente

Auf seinem Weg durch den Zodiak wandert der Mond durch alle Sternzeichen. Hält er sich in einem Wasserzeichen wie Krebs auf, spricht man von einem Wassertag, steht der Mond beispielsweise im Luftzeichen Wassermann, haben wir einen Lufttag, Feuerzeichen prägen Feuertage und Erdzeichen geben ihre Qualitäten an die sogenannten Erdtage weiter.

△ FEUERTAGE   WIDDER, LÖWE, SCHÜTZE

An sogenannten Feuer- oder Wärmetagen scheinen die Atmosphäre und das Leben von einem inneren Feuer durchdrungen zu sein. Alles wird als wärmer und hitziger empfunden. Manche Kinder haben an diesen Tagen besonders viel Durst, da diese Energie zu Austrocknung führen kann. Das cholerische Temperament herrscht vor und bedingt schnelle, dynamische, spontane körperliche Reaktionen und ein hitziges Gemüt.

Das Motto an Feuertagen ist: »Ich brenne und leuchte.« Dadurch lassen sie sich gut nutzen, um die Willenskraft zu aktivieren, Entwicklungen in Gang zu bringen, Wandel und Veränderung herbeizuführen, die Begeisterung und die Motivation zu fördern, Durchhaltevermögen, Selbstverantwortung, Selbstbewusstsein sowie Selbstvertrauen zu stärken. Damit assoziiert sind eine positive Einstellung zum Leben und Mut. Ein vollständig aktivierter Lichtkörper, der die Lebensenergie durch Körper, Geist und Seele leitet, könnte das Ergebnis sein.

Die Wirkung des Elementes Feuer im Spiel ist dynamisierend, transformierend, energieerhöhend, erwärmend und erleuchtend. Vulkane, Feuer oder eine Kerze üben an Feuertagen eine besonders starke Faszination auf Kinder aus. Die Sinnesorgane werden heute durch die Mondkraft belebt.

Harmonisierungstipps für Feuertage:

- Baue hochwertige Eiweiße, Fruchtgemüse und Obst in eure Ernährung ein.
- Die Pyramide balanciert das Element Feuer aus.

▽ ERDTAGE   STIER, JUNGFRAU, STEINBOCK

An sogenannten Erd- oder Kältetagen ist die gesamte Erde von einem kühlen »Mikroklima« durchdrungen, alles erscheint kälter und kristalliner. An diesen Tagen frieren viele Menschen schneller, und es empfiehlt sich, wärmere Kleidung parat zu halten, falls Wolken aufziehen. Das phlegmatische Temperament macht körperliche Reaktionsmuster eher langsam und starr – jedoch auch stark und nachhaltig wirksam und bringt eine gewisse Ruhe ins Gemüt.

Das Motto an Erdtagen ist: »Ich spüre, handle und erschaffe im Hier und Jetzt.« Dementsprechend können sie gut genutzt werden, um realitätsnahe Projekte zu lösen. Formbildende Aufgaben, die Fleiß, Detailbewusstsein, Analysevermögen, Struktur, Geduld und Ausdauer erfordern, fallen heute leichter. Der

Organisationssinn wie auch das Bewusstsein für Zeit und Rhythmus können geschult werden, genauso das logisch-mathematische Denken. Im psychischen Sinne könnten Standfestigkeit, Dankbarkeit, Gelassenheit sowie Naturliebe gefördert werden. Das körperliche, materielle Dasein steht heute bei allen Aktivitäten im Mittelpunkt.

Die Wirkung des Elementes Erde im Spiel ist besänftigend, beruhigend, stabilisierend, stärkend, ordnend. Sie schenkt Urvertrauen und unterstützt die Verbindung zu unserem Planeten und dessen kristalliner Geschichte ... Erdige Plätze wie Steinbrüche, Wälder, Sandkästen, Beete, Matschzonen, Eis und Schnee ziehen die Kinder an diesen Tagen in ihren Bann. Der Blutkreislauf wird heute durch die Mondkraft belebt.

Harmonisierungstipps für Erdtage:

- Baue hochwertige Salze und Wurzeln ins Essen ein.
- Das Hexaeder balanciert das Element Erde aus.

△ LUFTTAGE ZWILLINGE, WAAGE, WASSERMANN

An sogenannten Luft- oder Lichttagen ist die Sonneneinstrahlung auf Pflanzen, Tiere und Menschen intensiviert. Alles erscheint heller, jedes Staubkorn ist sichtbar, jede Ecke wird beleuchtet, selbst bei bewölktem Himmel. Manche Menschen fühlen sich leichter geblendet als an anderen Tagen von dem grellen Schein, der jedoch auch aufmunternd und belebend wirkt. Das sanguinische Temperament erweckt unsere Fröhlichkeit und sorgt für eine gute Auffassungsgabe. Die körperlichen Reaktionen sind flink, vergnügt, springlebendig und lebhaft.

Das Motto von Lufttagen ist: »Ich denke.« Dementsprechend können sie gut genutzt werden, um Situationen oder Projekte mental zu erfassen und zu durchdringen. Eine Metaperspektive lässt sich einnehmen, und Dinge können aus einer Gesamtsicht heraus verstanden werden. Die Aufmerksamkeit lässt sich bewusst hinlenken zu positiven Gedanken und Absichten. Die Öffnung des Geistes dient der Entwicklung eines freieren Denkens und freierer Wissensformen. Die Aura kann heute bei allen Aktivitäten mit einbezogen werden: Es besteht eine gute Verbindung zu den Lichtreichen und der spirituellen Welt.

Die Wirkung des Elementes Luft im Spiel ist erfrischend, belebend, fröhlich, lehrreich und inspirierend. Luftige und weite Plätze wie Wiesen, Blütenmeere,

Stände oder Spielplätze ziehen Kinder an diesen Tagen in ihren Bann. Das Drüsensystem wird heute durch die Mondkraft belebt.

Harmonisierungstipps für Lufttage:

- Baue hochwertige Fette und Öle in die Ernährung ein und werte Gerichte mit essbaren Blüten auf.
- Das Oktaeder balanciert das Element Luft aus.

▽ WASSERTAGE KREBS, SKORPION, FISCHE

An den sogenannten Wasser- oder Feuchtetagen besteht eine gute Speicherungs- und Aufnahmekapazität von Wasser für Lebewesen und unseren Planeten. Die Atmosphäre scheint ozeanisch, fließend und wässrig. Viele Menschen nehmen eine Art Allverbundenheit wahr, sind rezeptiv und fühlen intensiver als sonst. Das melancholische Temperament zeigt sich in sanften, fließenden, verhältnismäßig schwachen und langsameren Bewegungen. Es stärkt die Intuition.

Das Motto an Wassertagen ist: »Ich fühle.« Dementsprechend eignen sie sich gut, um Themen und Situationen emotional zu erfassen und zu durchdringen. Projekte, bei denen der Zugang zur Intuition eine Rolle spielt, das Einfühlungsvermögen, die Sensitivität und die Empfänglichkeit im Mittelpunkt stehen, sind für diese Tage wunderbar geeignet. Dabei sollte ein *flow* erfahrbar sein, bei dem sich das Kind den Wellen hingeben und mit dem Strom schwimmen kann. Beeindruckende kreative Ergebnisse und Talente werden diesem natürlichen Fluss entspringen! Ein Beispiel wäre, eine verfeinerte Wahrnehmung … Medialität und Telepathie können nur reinen, liebevollen Gefühlsebenen entspringen. Es besteht eine gute Verbindung zur astralen Ebene, der Traumebene und der spirituellen Führung.

Die Wirkung des Elementes Wasser im Spiel ist kühlend, beruhigend, klärend und besänftigend. Die Ozeane, Flüsse, Bäche und Seen, aber auch einfach eine Pfütze oder Nebel üben an diesen Tagen eine starke Anziehungskraft auf Kinder aus. Heute belebt die Mondkraft das Nervensystem.

Harmonisierungstipps für Wassertage:

- Baue hochwertige Kohlenhydrate in Form von Vollkornprodukten sowie Blätter in Gerichte ein und trinke viel reines Wasser!
- Das Ikosaeder balanciert das Element Wasser aus.

Die Energien der Sternzeichen

Die 12 Tierkreiszeichen bilden jeweils Stationen auf dem Lernpfad der Seele. Im Laufe des Lebens lernt sie, die Tagesenergien auf immer höheren Ebenen auszudrücken und diese letztendlich zu meistern. Der Zodiak gibt eine Fülle an menschlichen Erfahrungs- und Lebensmustern vor, wobei jedes Tierkreiszeichen seine eigenen Qualitäten mit sich bringt, und alle zusammen bilden eine faszinierende Vollkommenheit: Jeder Körperteil entspricht einem Zeichen – von Kopf (Widder) bis Fuß (Fische); die komplette Physis wird also angesprochen!

Von Geburt an stehen uns Tag für Tag die Energien der Sternzeichen und deren Elemente zur Verfügung, die wir für ein sinnerfülltes Leben auf Erden brauchen. Ob also durch Achtsamkeitsübungen, Gespräche, Spiele, Natur- und Lernmaterialien, Yogatechniken oder Bewegungsabfolgen ... Astrologische Energien lassen sich auf so vielfältige Weise pädagogisch versinnbildlichen und ausdrücken. Der Mond steht für etwa 2 bis 3 Tage in einem der 12 Zeichen – jede der 12 Tagesenergien stellt ein Bildungsthema dar, durch das sich der Lichtkörper entfaltet.

Lasse dich einfach – ganz nach deinem Gefühl – von den Analogien entsprechend der Tagesenergie zu eigenen Planungen inspirieren. Ob du dich dabei von dem Element oder vom Sternzeichen des Tages leiten lässt, ist ganz dir überlassen. Der Kalender enthält zu jedem Neumond ausführlichere Erklärungen und einen Überblick über die Entsprechungen, um dich mit der lunaren Energie und dem Grundmuster des Zeichens vertraut machen. Ziehe daraus wirksame Impulse für deine Tagesgestaltung. Hast du die Themen eines Zeichens aber erst einmal verinnerlicht, werden dir leicht wie von selbst Geschichten, Aktivitäten oder Rituale für dein Kind einfallen. Lasse deiner Phantasie dabei freien Lauf!

Erklärung

In der Physis sind bestimmte Körperbereiche einem astrologischen Prinzip bzw. Sternzeichen zugeordnet: An Zwillinge-Tagen sind beispielsweise die Lunge, das Atmungssystem, die Sprachorgane, Schultern, Arme und Hände sowie das Halschakra besonders energetisiert. Der Pflanzenteil ist Blüte, die Qualität Licht, das Wetter veränderlich. So liegt an diesem Tag der Fokus auf einer stimmigen Atmung, der Bewegung der Arme, auf Fingerarbeit und Feinmotorik – vielleicht durch Schreiben? Ein Blütenmandala wird gelegt und eine Geschichte zu Schmetterlingen vorgelesen. Für Kleinkinder sind an Lufttagen Seifenblasen besonders erfreulich. Ein Treffen mit Freunden, Nachbarn oder Geschwistern am Spielplatz läuft sicherlich heiter ab. Mit Überraschungseffekten muss gerechnet werden, und das Baby könnte zahnen. Spricht dein Kind heute besonders viel und gerne? Ein prima Tag, um sich Vokabeln einzuprägen, Gedichte zu lernen oder sich einfach über vieles zu unterhalten ... Förderpotenziale an Zwillingetagen sind also beispielsweise Fingerfertigkeit, Freundlichkeit und sprachliche Fähigkeiten.

Sternzeichen	Planet	Körperbereich	Sinn	Motto
Widder	Mars	Kopf, Augen, Blut	Sehsinn	Ich erobere.
Stier	Venus	Hals, Kehle, Mandeln	Geschmackssinn, Geruchssinn	Ich genieße.
Zwillinge	Merkur	Zähne, Arme, Hände, Bronchien	Hörsinn, Sprachsinn, Tastsinn	Ich kommuniziere.
Krebs	Mond	Bauch, Magen, Brust	Emotionale Wahrnehmung	Ich fühle.
Löwe	Sonne	Herz, Wirbelsäule	Ich-Sinn	Ich strahle.
Jungfrau	Chiron	Bauch, Darm, Stoffwechsel	Ordnungssinn, analytische Wahrnehmung	Ich ordne.
Waage	Isis	Hüfte, Becken, Nieren	Gleichgewichtssinn, vestibuläre Wahrnehmung, Beziehungssinn	Ich balanciere.
Skorpion	Pluto	Geschlechts- und Ausscheidungsorgane, Blase	Tiefenwahrnehmung, Intuition	Ich ergründe.
Schütze	Jupiter	Oberschenkel, Hüfte, Leber	Bewegungssinn	Ich wachse.
Steinbock	Saturn	Knie, Knochen, Wirbelsäule, Haut	Tastsinn der Haut, haptische Wahrnehmung	Ich kristallisiere.
Wassermann	Uranus	Waden, Nerven, Zirkulation	Kosmischer Sinn	Ich schwinge.
Fisch	Neptun	Füße, Lymphe, Aura	Sensibilität, außersinnliche Wahrnehmung	Ich träume.

Wichtig dabei ist natürlich, weder dich selbst noch dein Kind mit überfrachteten Tagesplänen zu überfordern und die Aktivitäten auf das Alter abzustimmen – das Ziel der lunaren Bildung ist es, den Lichtkörper zu stärken, indem sich das Kind innerhalb stressfreier Schutzzonen gemäß der lunaren Tagesstimmung, individueller Anlagen und Neigungen frei und fließend entfalten kann. Dabei erfährt es Glücksmomente der Selbstwirksamkeit und fühlt sich durch elementare, natürliche, magische Erfahrungen eins mit dem energetischen Fluss des Kosmos.

So genügt es für einen wirksamen Mondlicht-Moment, sich ganz beherzt auf genau ein Thema zu konzentrieren: zum Beispiel an einem Krebs-Tag kreativ auf das Motiv Muscheln einzugehen, an einem Skorpion-Tag den Pflanzenteil Blatt tiefer zu erkunden oder an einem Fische-Tag bewusst Pastellfarben einzusetzen. An diesen Tagen könntest du dich auch an einen beliebigen Ort mit Wasser begeben, an dem das Kind Erfahrungen mit der Magie dieses Elements macht ... Oder ihr bastelt ein Ikosaeder und verbringt den Tag im Flow ... Sieh dir auch die Erziehungsratschläge an und fokussiere dich auf einen Tipp, den du für dich als bedeutsam, stimmig und passend erachtest.

Doch natürlich kannst du auch mehrere Themen beherzigen und deine Tage gänzlich füllen mit den lunaren Gezeiten.

Die lunare Erziehung basiert auf Analogien – auf den folgenden Seiten findest du daher Informationen zu Elementen, Qualitäten, Farben, Kristallen, Lernorten, Materialien, Tieren, Pflanzen, Planeten und Ernährungsarten, Bastelprojekten, Yoga- & Achtsamkeitsübungen sowie energetische Harmonisierungstechniken in Entsprechung zu den 12 Zeichen. Innerhalb dieses Musters sind unendlich viele Spielmöglichkeiten denkbar!

Jeder Tag birgt bestimmte Förderpotenziale – auf der körperlichen, seelischen, geistigen und übersinnlichen Ebene. Jeder Neumond ist beispielsweise eine gute Gelegenheit, ein bestimmtes Gefühl zu nähren, ein besonderes Talent zu unterstützen oder mit der Förderung einer neuen Fähigkeit zu beginnen. Auch hier gilt: Weniger ist mehr! Es ist völlig ausreichend, ein Thema über einen ganzen Monat wiederholt auf achtsame Weise zu kultivieren für die lunare Bildung.

Als Einsteiger könntest du dich auch zunächst nur mit den Neumonden vertraut machen – einfach, indem du die entsprechenden Kapitel dazu liest. Halte zu diesen Zeiten kurz inne, meditiere, beobachte und nimm die Einwirkungen der kosmischen Frequenzen und Farben wahr. Nimm wahr, wie auch dein inneres Kind neu geboren wird im spirituellen, ruhigen Raum der Tiefe und Dunkelheit. Das Erwachen erfolgt aus der Stille. Beobachte, was dein Kind an diesem Tag tut, wie es sich verhält, was es sagt und was es spielt. Achte auf Worte, Gedanken und Gefühle, die es äußert.

Entscheide also selbst, ob du die Entwicklung deines Kindjuwels lieber im Rhythmus der schnelleren Tagesenergie von zwei bis drei Tagen oder der langsameren Monatsenergie von 28 Tagen (mit-)gestalten möchtest.

Nachdem du dich mit dieser Methode vertraut gemacht hast, wirst du wohl allmählich feststellen, wie viel Wohlbefinden und Geborgenheit es bereitet, sein gesamtes Leben vollkommen im Einklang mit dem Mond zu gestalten, und wie entspannend das Leben mit Kind wird, wenn man sich dem kosmischen Flow und dem Glanz des Mondes hingibt.

Erziehungstipps für die verschiedenen Tagesqualitäten

♈ ERZIEHUNGSTIPPS FÜR WIDDER-TAGE
(MOND IM WIDDER)

»Ich helfe meinem Kind, sich zu behaupten, und ermutige es auf motivierende Weise zu Selbstbestimmung und Eigeninitiative.«

- Neue Impulse bieten
- Raum für Abenteuer schaffen in Form von Unternehmungen
- Bewegungsfreiheit und Platz für freie Entfaltung gewähren
- Chancen für Wettbewerb lassen
- Erziehung zur Selbstständigkeit
- Das Kind ermutigen, etwas zu wagen
- Waage-Ausgleich in Extremsituationen

★ Erstelle eine Liste, welche Mittel und Vorgehensweisen dir bei wütenden »Vulkan-Ausbrüchen«, die typisch sind für Widder-Tage, helfen könnten.

♉ ERZIEHUNGSTIPPS FÜR STIER-TAGE
(MOND IM STIER)

»Ich lehre mein Kind den Genuss des Lebens, schenke Sanftheit und pflege innere wie äußere Werte.«

- Körperkontakt und Zärtlichkeit zulassen (Massagen, Streicheln, Kuscheln)
- Geborgenheit schenken
- Dem Bedürfnis nach materiellem Besitz Achtung schenken (eigenes Zimmer, eigene Spielsachen)
- Konkrete Belohnungen geben
- Zeit für Langsamkeit einplanen – Gelassenheit und Geduld zeigen
- Etwas Schmackhaftes kochen, Zeit für kulinarischen Genuss lassen
- Skorpion-Ausgleich in Extremsituationen

★ Das Kindjuwel handelt besonnener, langsamer, ruhiger und gemächlicher als an anderen Tagen. Plane also Trödelminuten oder -stunden ein. Es freut sich heute sicherlich über Geschenke, sei es auch nur eine Kleinigkeit in Form einer Süßigkeit oder eine Streicheleinheit am Nacken.

♊ ERZIEHUNGSTIPPS FÜR ZWILLINGE-TAGE
(MOND IN DEN ZWILLINGEN)

»Ich lehre mein Kind die lichtvolle Kommunikation sowie einen beschwingten, heiteren Kontakt zu unserer näheren Umgebung.«

- Vorlesen
- Zum Schreiben ermuntern
- Wissen mit auf den Weg geben
- Zeit für Kommunikation, Erklärungen, die Beantwortung zahlreicher Fragen und Gespräche einplanen
- Überraschungseffekte zulassen
- Treffen mit Freunden
- Schütze-Ausgleich in Extremsituationen

★ Beuge der Verzettelungsgefahr vor durch eine bewusste Tagesplanung. Zeige Interesse an der intellektuellen Entwicklung deines Kindes. Gib dein Wissen mit auf den Weg.

♋ ERZIEHUNGSTIPPS FÜR KREBS-TAGE
(MOND IM KREBS)

»Ich schenke meinem Kind Geborgenheit und Schutz auf einfühlsame sowie sorgsame Art und Weise.«

- Nestwärme und Schmusestunden schenken
- Gefühlvolle Zuneigung zeigen
- Schutz innerhalb der Familie und im Zuhause
- Empfindsam reagieren
- Zeit in geschützten Zonen verbringen
- Sanfte, liebevolle Sätze wie: »Ich hab dich lieb.«
- Steinbock-Ausgleich in Extremsituationen

★ Das Kindjuwel äußert seine Gefühle heute auf sensible und zärtliche Weise. Falls es auf irgendeine Weise verletzt oder traumatisiert ist, könnte sich dies an diesem Wassertag besonders durch Verschlossenheit, Weinerlichkeit oder Ängstlichkeit zeigen. Ein »sprechendes« oder vertrautes Kuscheltier, viel Zärtlichkeit oder ein sicherer Hafen könnten in diesem Fall Wunder bewirken.

♌ ERZIEHUNGSTIPPS FÜR LÖWE-TAGE
(MOND IM LÖWEN)

»Ich bin ein gutes Vorbild. Das Glück meines Kindes liegt mir am Herzen – durch meine volle Präsenz schenke ich Optimismus. Ich lasse die Freude am Spiel und Kreativität zu.«

- Zeit für Spaß und Spiel, viel Lachen
- Auftritte und Selbstpräsentationen in sämtlichen Varianten zulassen
- Selbstständigkeit und Souveränität fördern
- Angemessenes Lob und ehrliche Komplimente machen

- Wertschätzung und Bewunderung für die Individualität und Persönlichkeit zeigen
- Mut fördern
- Wassermann-Ausgleich in Extremsituationen

⭐ Lasse dein Kindjuwel nach Herzenslust spielen. Gib ihm/ihr durch anerkennendes Lob die Gewissheit, eine wichtige Rolle in dieser Welt zu haben. Verschaffe ihm ein positives Selbstbewusstsein, das Gefühl von Souveränität und Macht, indem du der Kinderseele das Gefühl gibst, in einem Königreich zu leben.

♍ ERZIEHUNGSTIPPS FÜR JUNGFRAU-TAGE
(MOND IN DER JUNGFRAU)

»Ich lehre mein Kind, wie es seinen Körper gesund und rein halten kann, wie es Aufgaben gründlich erledigen und der Welt dienlich sein kann. Fleiß und Disziplin sind heute Teil der Tagesordnung.«

- Mithelfen bei konkreten Tätigkeiten (Gartenarbeit, Pflege eines eigenen Haustierchens, Hausarbeit, Aufräumen ...)
- Struktur und Ordnung schaffen
- Gewohnheiten festigen, Rituale in den Alltag einbauen
- Gesundheitsbewusstsein
- Hilfsbereitschaft lehren
- Genügsamkeit einfordern
- Fische-Ausgleich in Extremsituationen

⭐ Jedes Kindjuwel strebt innerlich nach einer gewissen Ordnung und Struktur, denn diese schenken Halt und Sicherheit. Feste Rituale und ein gewohnter Tagesablauf unterstützen dies. Zeige deinem Kind von klein an, dass es Tage (wie heute) gibt, an denen aufgeräumt wird und an denen Dinge in Ordnung gebracht werden müssen. Koche ein gesundes Gericht.

♎ ERZIEHUNGSTIPPS FÜR WAAGE-TAGE
(MOND IN DER WAAGE)

»Ich achte auf eine friedliche und harmonische Atmosphäre, wirke ausgleichend und gerecht auf mein Kind ein.«

- Eine gepflegte, helle, ästhetische Umgebung erschaffen
- Angemessenen Umgang in Ich-Du-Beziehungen vorleben
- Konfliktfähigkeit trainieren im Sinne von Sympathie und Empathie
- Auf Gleichberechtigung achten
- Entscheidungsfindung unterstützen
- Bewusstsein für gutes Benehmen, Nettigkeit, Stil und Schönheit fördern
- Widder-Ausgleich in Extremsituationen

★ Das Kindjuwel hat an Waage-Tagen einen ausgeprägten Sinn für Ästhetik, der durch zahlreiche kreative Projekte unterstützt werden kann. Bastelarbeiten gelingen prima. Zeige, wie es Balance finden und im Frieden mit seinem Gegenüber leben kann.

♏ ERZIEHUNGSTIPPS FÜR SKORPION-TAGE
(MOND IM SKORPION)

»Ich wecke das Interesse meines Kindes an der Magie – lehre es, die Zauberkraft weißmagisch einzusetzen und Macht verantwortungsvoll zu nutzen.«

- Seelische Tiefe und Geheimnisse des Kindes respektieren
- Machtstreben, Vehemenz und Provokationen mit Starkmut begegnen
- Leidenschaft erlauben, jedoch keine Destruktivität
- Anspruchsvolle Ansichten respektieren
- Das Dunkle zulassen, dennoch das Positive betonen
- Magie leben
- Stier-Ausgleich in Extremsituationen

★ Das Kindjuwel äußert seine Gefühle heute vermutlich mit Heftigkeit und immenser Tiefe. Es sucht nach intensiven Erfahrungen, Leidenschaft und Echtheit.

Es möchte seine Macht spüren und mehr als gewöhnlich Dinge durchdringen, kontrollieren und beherrschen können. Solltest du alles als zu anspruchsvoll und fordernd wahrnehmen, setze ihm/ihr klare Grenzen. Bewahre heute dein Standing im Falle von Provokationen. Wie dem auch sei, sei dir deiner Macht und Führungsposition stets bewusst.

↗ ERZIEHUNGSTIPPS FÜR SCHÜTZE-TAGE
(MOND IM SCHÜTZE)

»Ich erweitere den Horizont meines Kindes – sei es durch echte oder spirituelle Reisen. Ich unterstütze es beim Erreichen von Zielen und bei der Wahrheitssuche.«

- Raum für Erkundung und Expansion schaffen
- Philosophische und spirituelle Fragen beantworten
- Großzügig sein
- Optimistisch agieren
- Chancen nutzen
- Ideale leben in der Realität und mit Bodenhaftung
- Zwillinge-Ausgleich in Extremsituationen

★ Das Kindjuwel lässt sich heute vermutlich sehr schnell für etwas begeistern, ist gut gelaunt, der Welt gegenüber offen und positiv eingestellt. Nutze dies, um optimistische Bilder zu erschaffen, was die Zukunft bzw. alles, was über den Tellerrand hinausgeht, anbelangt. Nimm dir Zeit für die Frage/n nach dem Sinn des Lebens.

♑ ERZIEHUNGSTIPPS FÜR STEINBOCK-TAGE
(MOND IM STEINBOCK)

»Wohlorganisiert und verantwortungsbewusst bringe ich meinem Kind Disziplin bei, führe es ans Licht und verschaffe ihm Klarheit sowie Sicherheit.«

- Klare Regeln aufstellen und einhalten
- Pflichtbewusstsein fördern
- Verantwortung übernehmen lassen

- Ambitionen, Ehrgeiz und Fleiß respektieren
- Halt durch klare Ordnung und Strukturen schenken
- Klarheit, Vernunft und Zuverlässigkeit fördern
- Krebs-Ausgleich in Extremsituationen

⭐ Das Kindjuwel braucht und akzeptiert heute mehr als an anderen Tagen deine sichere Führung, die ihm Klarheit, Halt und Stabilität vermittelt. Zuverlässigkeit und Regelbewusstsein können gut gefördert werden sowie durch Erklärungen und Abmachungen gefestigt werden. Die Essenz eures gemeinsamen Alltags kristallisiert sich heraus!

≈ ERZIEHUNGSTIPPS FÜR WASSERMANN-TAGE
(MOND IM WASSERMANN)

»Ich wertschätze die Individualität meines Kindes samt aller genialen, erfinderischen und außergewöhnlichen Einfälle. Ich führe es ein in ein wohlgesonnenes Gruppengefüge, welches auf höheren Idealen basiert.«

- Freies Denken, ungewöhnliche Ideen und Inszenierungen akzeptieren
- Stärkung der Eigenart, der Eigenständigkeit, der Individualität und des Freigeistes des Kindes
- Raum für Unabhängigkeit schaffen – unter Wahrung der Toleranz
- Anpassung einfordern im Falle von zu viel Nonkonformität, Egoismus und Rebellion
- Unberechenbarkeit mit Souveränität und Gelassenheit begegnen
- Gruppengeist fördern
- Löwe-Ausgleich in Extremsituationen

⭐ Diese Tage sind aufgrund der wechselhaften Schwingungen und des hochfrequenten Einströmens kosmischer Energien oftmals sehr unberechenbar. Dies äußert sich bei Kindern in Form von schnellen Stimmungswechseln, ebenso jedoch auch durch innovatives Denken und Inspirationen aus höheren Sphären. Akzeptiere einfach diese Tagesqualität und die oftmals außergewöhnlichen, interdimensionalen Szenarien, die sich ergeben.

♓ ERZIEHUNGSTIPPS FÜR FISCHE-TAGE
(MOND IN DEN FISCHEN)

»Ich verbinde mein Kind mit der Quelle allen Seins, mit der ursprünglichen Intuition, und lasse es im Fluss seiner Phantasie und Kreativität schwimmen.«

- Zeit zum Träumen und zum Abtauchen in die geistige Heimat gestatten
- Rückzug in die eigene Welt zulassen
- Realitätsaspekte aufzeigen, die spirituelle Dimension aber mit einbeziehen
- Kreative Tätigkeiten (musizieren, malen, basteln)
- Im Fluss bleiben
- Yogatechniken anwenden
- Jungfrau-Ausgleich in Extremsituationen

⭐ Kindjuwele sind an Fische-Tagen überaus empfänglich für feinstoffliche Energien. Es ist heute besonders wichtig, gesunde Abgrenzungen zu setzen, da die Aura sehr offen und empfänglich für alles ist – nutze hierfür gerne den Silberstrahl: Visualisiere eine spiegelartige Pyramide um dein Kind, die alles Negative reflektiert. Verbringt Zeit im Ozean allen Seins, fühlt euch sicher und geborgen in der friedlichen Tagesschwingung. Schwimmt nicht gegen, sondern mit dem Flow!

Mondlicht-Momente

Was waren die glücklichsten Momente deiner Kindheit? Wahrscheinlich hast du Zustände und Energien gespürt, die nur annähernd mit Worten ausgedrückt werden können. Sicherlich waren es magische Momente, in denen du im Einklang warst mit dem Kosmos … Momente der Leichtigkeit, in denen deine Grundbedürfnisse gedeckt waren, in denen du dich gesund, wohl, getragen und genährt fühltest … in denen du eine Art sphärische Harmonie wahrnehmen konntest … in denen du ein Körper-Geist-Seele-Gleichgewicht hattest … in denen du in Kontakt warst mit deiner Seele … in denen du Selbstwirksamkeit erfahren hast … in denen dein »höheres Selbst« wirksam war … Es sind ebenjene lichtvollen Glückszustände, in denen wir die Seligkeit des Hier und Jetzt erleben … in Frieden sind mit unserer Seele, dem Mond, den Planeten und den Sternen. Es waren Momente, in denen dein Lichtkörper aktiviert war. Ich nenne sie in diesem Kalender »Mondlicht-Momente«.

Diese Erfahrungen sind beeinflusst vom »lunaren Zeitfluss«, den wir über unsere Seele wahrnehmen. Sie können also lang oder kurz andauern: Schon eine halbe Minute kann Impulse setzen, ebenso auch eine Stunde oder ein ganzer Tag. Sie sind sowohl überraschend als auch planbar möglich. Tiefe Zufriedenheit stellt sich dabei ein für das Kind, da es Selbstwirksamkeit erfährt. Tiefe Glücksgefühle entstehen, da emotionale Grundbedürfnisse gestillt werden.

Bei genauerer Beobachtung wird deutlich, dass bei Kindern das lunare Bewusstsein in einer sehr ursprünglichen Form vorhanden ist. In Anbindung an das »Gesetz der Einheit« bzw. »Quellbewusstsein« spiegeln sie die energetische Färbung des Tages oftmals direkt in Form von körperlichen Entwicklungssprüngen, Gefühlsausdrücken oder Geistesblitzen.

Die Energien des Mondes verbinden sich mit jedem Kindjuwel auf einzigartige Art und Weise – ob Baby, Kleinkind, älteres oder inneres Kind. Eine glückliche Kindheit badet im Glanz des Mondlichts, und glückliche Kinder bringen Frieden in der Welt hervor. Gleite auf dem Silberstrahl des Mondes und gelange in ein kristallines Bewusstsein.

Du kannst diesen Kalender auch als Glückstagebuch nutzen, in dem du eure lunaren Erfahrungen sammelst. Mit diesem Kalender kannst du eure Mondlicht-Momente neben dem Symbol entweder im Rückblick notieren oder im Vorfeld planen – am Ende ist eine Art Glückstagebuch entstanden, das du mit deinem Kind Tag für Tag im Laufe des Jahres erschaffen hast: eine zauberhafte Kollektion sämtlicher Lichtmomente!

Jede Woche enthält ein »Highlight«, einen Vorschlag für einen beispielhaften Mondlicht-Moment – für dein Kind formuliert, wobei ein jüngeres Kind dabei natürlich oft auf die Hilfe, Erklärung oder Anleitung eines Erwachsenen angewiesen ist.

Januar

NEUMOND IM STEINBOCK

Das Schönste, was man an diesem Tag wohl tun kann, ist, sich dem Element Erde und dem Reich der Mineralien und Steine zuzuwenden.

LICHTVOLLE IMPULSE FÜR DICH UND DEIN KIND AN STEINBOCKTAGEN:

Für dein Baby: Lege Reihen oder baue einen Turm aus Bauklötzen!

Für dein Kleinkind: Binde einen festen Knoten!

Für dein älteres Kind: Erfinde Regeln für ein Spiel mit Edelsteinen!

Für dein inneres Kind: Gehe mit einem Kristall in den Händen spazieren.

BASTELPROJEKT DES MONATS: ZEITMUSTER MIT STEINEN

Du brauchst: beliebig viele Steinchen

Anleitung: Lege Linien, Kreise und Spiralen mit Steinchen. Welche Zeitmuster nimmst du wahr? Wie verbringst du deine Zeit gerne?

KÖRPERLICHE HARMONISIERUNG: Blutkreislauf, Zähne, Haut, Knie, Knochen, Nägel, Wirbelsäule, Gelenke, Milz, Gehen, Rückentraining, Haut- und Nagelpflege

SEELISCHE HÜLLENPFLEGE: Sicherheit, Geduld, Ausdauer, kristallines Fühlen, Stabilität, Urvertrauen

GEISTIGES BILDUNGSZIEL: Ordnung, Klarheit, Konzentration, Organisation, Zeitstruktur, Logik, Architektur, Mathematik, Musterkenntnis, Wesensessenz, Pflichterfüllung, Regelbewusstsein, Berufung

ÜBERSINNLICHES FÖRDERPOTENZIAL: Geomantie (Weissagung aus der Erde)

UNSER LERNTHEMA IM NEUEN MONDZYKLUS: ....

....

....

Die Analogien für das Sternzeichen Steinbock unterstützen die Ausbildung dieser Förderpotenziale, Fähigkeiten und Talente.

ELEMENT:	**Erde** (feste Erde, Stein, Kristall, Fels, Berge)
WITTERUNGSQUALITÄT:	impulsive, durchdringende **Kälte**
FARBEN:	klares Glas, Braun, Grau, Dunkelgrün, Kohlegrau, Schwarz
KRISTALLE:	Bergkristall, Rauchquarz, Selenit, Schneeflockenobsidian
MAGISCHE LERNORTE:	immergrüner Nadelwald, Steinbruch, Kieselweg, Berge, Felsen, alte Festungen
MATERIALIEN:	Steine, Strukturspiele, Ton, Lineal, Tafel mit Kreide, Legos, Bauklötze, Hexaeder
TIERE:	schneeweiße Tiere wie Eisbär, Schneeeule, Rabe, Steinbock, Ziege
GESUNDE ERNÄHRUNG:	hochwertiges **Salz** wie Steinsalz; Schwarzbrot
	Gewürze: Bittermandeln, Petersilie, Knoblauch, Kümmel, Kräutersalz, schwarze Oliven, Pilzpulver, schwarzer Pfeffer, Sellerie, Schnittlauch, Wacholderbeeren, Winterheckenzwiebeln
	Obst: alte Obstsorten wie Holzäpfel, Lehmbirnen, Winterquittenäpfel; Winterfrüchte wie Schlehen, Hagebutten
	Gemüse: alte Gemüsesorten wie Haferwurzel, Kohlrübe, Pastinaken, Topinambur, Schwarzer Rettich, Schwarzwurzel, Speiserübe, Zuckerrübe; alte Kartoffelsorten wie Ackersegen; Wurzelgemüse wie Lauch, Möhren, Rote Bete, Schwarzwurzel, Karotten, Zwiebeln; traditionsreiche Kohlgemüse wie Grünkohl, Rosenkohl, Wirsing
PFLANZENTEIL:	**Wurzel**
PLANET:	Tagseite des **Saturn**

DEZEMBER | JANUAR

Woche 1

Frage der Woche:
Was vom alten Jahr bleibt, ist die Essenz ... Was kristallisiert sich jetzt Neues für das kommende Jahr heraus? Welche Visionen und Träume hast du für das neue Jahr?

. . . .
. . . .
. . . .
. . . .
. . . .

---

30 Montag ♑ Erde | kardinal | Kälte | Wurzel | Knochen, Knie, Haut | Salz

Neumond 23:26
Bitte jemanden, dir Kristalle oder Steine auf deinen Rücken zu legen. Nimm wahr, wie deine Wirbelsäule dadurch wie aufgerichtet wird – und wie gut sich das auf deiner Haut anfühlt!

---

31 Dienstag ♑ Erde | kardinal | Kälte | Wurzel | Knochen, Knie, Haut | Salz
Silvester

---

1 Mittwoch ♑ Erde | kardinal | Kälte | Wurzel | Knochen, Knie, Haut | Salz
Neujahr

2 Donnerstag ☽ ♒ Luft | fix | Licht | Blüte | Venen, Unterschenkel | Fett

3 Freitag ☽ ♒ Luft | fix | Licht | Blüte | Venen, Unterschenkel | Fett

4 Samstag ☽ ♓ Wasser | veränderlich | Feuchte | Blatt | Füße, Aura | Kohlenhydrate

5 Sonntag ☽ ♓ Wasser | veränderlich | Feuchte | Blatt | Füße, Aura | Kohlenhydrate

JANUAR

Woche 2

Frage der Woche:
Welche Wünsche und Hoffnungen sendest du in die Welt?

....
....
....
....
....

---

6 Montag
Heilige Drei Könige

♈ Feuer | kardinal | Wärme | Frucht | Kopf, Augen | Eiweiß

---

7 Dienstag

♈ Feuer | kardinal | Wärme | Frucht | Kopf, Augen | Eiweiß

zunehmender Halbmond
Halte deinen Kopf – lege eine Hand vorne an die Stirn, die andere an den Hinterkopf. Das bringt die Gehirnhälften in Balance und klärt deine Gedankenfelder.

---

8 Mittwoch

♉ Erde | fix | Kälte | Wurzel | Kiefer, Hals | Salz

9 Donnerstag ♉ Erde | fix | Kälte | Wurzel | Kiefer, Hals | Salz

10 Freitag ♉ Erde | fix | Kälte | Wurzel | Kiefer, Hals | Salz

11 Samstag ♊ Luft | veränderlich | Licht | Blüte | Schultern, Arme, Hände | Fett

12 Sonntag ♊ Luft | veränderlich | Licht | Blüte | Schultern, Arme, Hände | Fett

JANUAR

Woche 3

Frage der Woche:
Was fühlst du in den Tagen um diesen Vollmond herum in dir?

....
....
....
....
....

---

13 Montag ♋ Wasser | kardinal | Feuchte | Blatt | Brust, Magen, Lunge | Kohlenhydrate

....
....
....

Vollmond 23:26
Kristallmeditation: Nimm dir vor dem Schlafen einen Mondstein zur Hand. Stelle dir vor, wie seine silberweiße, perlmuttartige Farbe dich sanft umgibt, du sie einatmest, wie sie dich einhüllt und beschützt. Träume süß!

---

14 Dienstag ♋ Wasser | kardinal | Feuchte | Blatt | Brust, Magen, Lunge | Kohlenhydrate

....
....
....
....
....

---

15 Mittwoch ♌ Feuer | fix | Wärme | Frucht | Herz, Zwerchfell, Kreislauf | Eiweiß

....
....
....
....
....

16 Donnerstag — Feuer | fix | Wärme | Frucht | Herz, Zwerchfell, Kreislauf | Eiweiß

17 Freitag — Erde | veränderlich | Kälte | Wurzel | Bauch, Verdauungsorgane | Salz

18 Samstag — Erde | veränderlich | Kälte | Wurzel | Bauch, Verdauungsorgane | Salz

19 Sonntag — Erde | veränderlich | Kälte | Wurzel | Bauch, Verdauungsorgane | Salz

JANUAR

Woche 4

Frage der Woche:
Was möchtest du noch bis zum nächsten Neumond fertigbringen?

....
....
....
....
....
....

---

20 Montag   ♎   Luft | kardinal | Licht | Blüte | Hüften, Nieren | Fett

---

21 Dienstag   ♎   Luft | kardinal | Licht | Blüte | Hüften, Nieren | Fett

---

abnehmender Halbmond
Eine typische Balanceübung im Yoga ist der »Baum«. Richte deinen Blick dabei auf die Horizontlinie – sie hilft dir, das Gleichgewicht zu finden zwischen Himmel und Erde.

---

22 Mittwoch   ♏   Wasser | fix | Feuchte | Blatt | Geschlechtsorgane | Kohlenhydrate

23 Donnerstag ☾ ♏ Wasser | fix | Feuchte | Blatt | Geschlechtsorgane | Kohlenhydrate

24 Freitag ☾ ♏ Wasser | fix | Feuchte | Blatt | Geschlechtsorgane | Kohlenhydrate

25 Samstag ☾ ♐ Feuer | veränderlich | Wärme | Frucht | Oberschenkel | Eiweiß

26 Sonntag ☾ ♐ Feuer | veränderlich | Wärme | Frucht | Oberschenkel | Eiweiß

JANUAR | FEBRUAR

Woche 5

Frage der Woche:
Welche neue Idee taucht in dir auf?

....
....
....
....
....
....

---

27 Montag ♑ Erde | kardinal | Kälte | Wurzel | Knochen, Knie, Haut | Salz

---

28 Dienstag ♑ Erde | kardinal | Kälte | Wurzel | Knochen, Knie, Haut | Salz

---

29 Mittwoch ♒ Luft | fix | Licht | Blüte | Venen, Unterschenkel | Fett

---

Neumond 13:35
Sei einen Moment ganz still – vielleicht schaffst du es ja um Punkt 13:35 Uhr? Schließe die Augen und visualisiere beim Einatmen eine Lichtkugel, die dir zufliegt. Sprich »SHANTI (Frieden)« in sie hinein. Beim Ausatmen schickst du sie wieder von dir weg und stellst dir vor, wie sie in die Welt schwebt.

30 Donnerstag) ♒ Luft | fix | Licht | Blüte | Venen, Unterschenkel | Fett

31 Freitag) ♓ Wasser | veränderlich | Feuchte | Blatt | Füße, Aura | Kohlenhydrate

1 Samstag) ♓ Wasser | veränderlich | Feuchte | Blatt | Füße, Aura | Kohlenhydrate
Imbolc

2 Sonntag) ♓ Wasser | veränderlich | Feuchte | Blatt | Füße, Aura | Kohlenhydrate

Februar

NEUMOND IM WASSERMANN

Das Schönste, was man an diesem Tag wohl tun kann, ist, sich dem Element Luft, den harmonischen Schwingungen und der Astrologie zuzuwenden.

LICHTVOLLE IMPULSE FÜR DICH UND DEIN KIND AN WASSERMANNTAGEN:

Für dein Baby: Schwingungen lassen sich durch Musikmachen harmonisieren!

Für dein Kleinkind: Wirf Sachen ins Wasser und beobachte die Wellen!

Für dein älteres Kind: Lies ein Buch zum Thema Weltall!

Für dein inneres Kind: Triff dich mit Gleichgesinnten!

BASTELPROJEKT DES MONATS: WINDKLANGSPIEL

Du brauchst: acht unterschiedlich lange Klangstäbe mit Loch (Holz/Aluminium/Metall), Haltestab, Faden, Schere

Anleitung: Verbinde die Klangstäbe mit den Schnüren und binde diese an den größeren Haltestab. Binde zusätzlich Fäden zum Aufhängen daran und erfreue dich am wundervollen Klang des Windes!

KÖRPERLICHE HARMONISIERUNG: Drüsen, Knöchel, Lymphe, Waden, Venen, Unterschenkel; Hüpfen, Springen

SEELISCHE HÜLLENPFLEGE: Zugehörigkeitsgefühl, Menschenfreundlichkeit, Offenheit, Individualität, Freiheit, universeller Einklang

GEISTIGES BILDUNGSZIEL: Schwingungsbewusstsein, Technologiekenntnisse, Erfinden, Eigenständigkeit, globale Sicht, kosmischer Blick, Originalität, Freigeist, Gruppenspirit

ÜBERSINNLICHES FÖRDERPOTENZIAL: Channeling (Empfangen von Botschaften aus höheren Dimensionen)

UNSER LERNTHEMA IM NEUEN MONDZYKLUS: ....
....
....

Die Analogien für das Sternzeichen Wassermann unterstützen die Ausbildung dieser Förderpotenziale, Fähigkeiten und Talente.

ELEMENT:	**Luft** (Schwingungen, Wind, kosmischer Atem)
WITTERUNGSQUALITÄT:	wellenartiges, gleichmäßiges **Licht**
FARBEN:	Hellblau, Himmelblau, Silber, Türkis, Stahlblau
KRISTALLE:	Aquamarin, Chrysokoll, Fluorit, Meteoritgestein
MAGISCHE LERNORTE:	futuristische Orte, Sternentore, Orte am Wasser, »Chi-Plätze«, Plätze mit harmonischen Schwingungen
MATERIALIEN:	elektrisches Spielzeug, Computer, Kostüme, Globus, Klangheilungsinstrumente, Trampolin, Astrolabium, Oktaeder
TIERE:	Vögel, Weißkopfseeadler, Känguru, Delfine und Wale
GESUNDE ERNÄHRUNG:	hochwertige **Fette** aus Avocado, Kernen und Nüssen, Hanfsamen, Kokos, Mandeln, Nachtkerzensamen, Leinöl
	Gewürze: Blütenkapern, Kokosflocken, Kokosnussmilch, Kresse, Limettenschalen, Muskat, weißer Pfeffer, Lavendelblüten, Zitronengras, essbare Blüten wie Hibiskus
	Obst: originelle, erfrischende, exotische, lichtvolle Früchte wie Brotfrucht, Kiwi, Limetten, Mandarinen, Sternfrucht
	Gemüse: Artischocken, Blumenkohl, Brokkoli, Chicoréesalat, Fenchel
PFLANZENTEIL:	**Blüte**
PLANET:	Tagseite des **Saturn, Uranus, neue Planeten**

FEBRUAR

Woche 6

Frage der Woche:
Welche Nährstoffe braucht dein Körper, um gekräftigt zu sein?

....
....
....
....
....

---

3 Montag 🌒 ♈ Feuer | kardinal | Wärme | Frucht | Kopf, Augen | Eiweiß 🌙

....
....
....
....
....

---

4 Dienstag 🌒 ♈ Feuer | kardinal | Wärme | Frucht | Kopf, Augen | Eiweiß 🌙

....
....
....
....
....

---

5 Mittwoch 🌒 ♉ Erde | fix | Kälte | Wurzel | Kiefer, Hals | Salz 🌙

....
....
....

---

zunehmender Halbmond

Gönne dir und deinen Lieben eine sanfte Nackenmassage – einfach mit deinen Händen sanft klopfen und kneten, die Fäuste kreisen lassen und am Ende die Hände auflegen. Lasse dabei mit deinem inneren Auge dunkelblaues Licht in deinen Halsbereich einströmen.

6 Donnerstag ♉ Erde | fix | Kälte | Wurzel | Kiefer, Hals | Salz

7 Freitag ♊ Luft | veränderlich | Licht | Blüte | Schultern, Arme, Hände | Fett

8 Samstag ♊ Luft | veränderlich | Licht | Blüte | Schultern, Arme, Hände | Fett

9 Sonntag ♋ Wasser | kardinal | Feuchte | Blatt | Brust, Magen, Lunge | Kohlenhydrate

FEBRUAR

Woche 7

Frage der Woche:
Was belebt die Strahlkraft dieses Vollmondes in deiner eigenen Ausstrahlung?

....
....
....
....
....

---

10 Montag ♋ Wasser | kardinal | Feuchte | Blatt | Brust, Magen, Lunge | Kohlenhydrate

....
....
....
....
....

11 Dienstag ♌ Feuer | fix | Wärme | Frucht | Herz, Zwerchfell, Kreislauf | Eiweiß

....
....
....
....
....

12 Mittwoch ♌ Feuer | fix | Wärme | Frucht | Herz, Zwerchfell, Kreislauf | Eiweiß

....
....
....
....
....

Vollmond 14:53
Dieser Vollmond ist mit seinem starken Licht der hellste im ganzen Jahr. Lasse die Sonne in dein Leben rein – auch im Winter! Iss ein paar Zitrusfrüchte, bevor du auf die Party gehst. ;) PS: Vielleicht läuft dir ja heute eine Katze über den Weg?

13 Donnerstag

♌ Feuer | fix | Wärme | Frucht | Herz, Zwerchfell, Kreislauf | Eiweiß

14 Freitag
Valentinstag

♍ Erde | veränderlich | Kälte | Wurzel | Bauch, Verdauungsorgane | Salz

15 Samstag

♍ Erde | veränderlich | Kälte | Wurzel | Bauch, Verdauungsorgane | Salz

16 Sonntag

♎ Luft | kardinal | Licht | Blüte | Hüften, Nieren | Fett

FEBRUAR

Woche 8

Frage der Woche:
Was möchtest du loslassen?

. . . .

---

17 Montag ♎ Luft | kardinal | Licht | Blüte | Hüften, Nieren | Fett

---

18 Dienstag ♎ Luft | kardinal | Licht | Blüte | Hüften, Nieren | Fett

---

19 Mittwoch ♏ Wasser | fix | Feuchte | Blatt | Geschlechtsorgane | Kohlenhydrate

20 Donnerstag ♏

Wasser | fix | Feuchte | Blatt | Geschlechtsorgane | Kohlenhydrate

abnehmender Halbmond

Typisch für das Sternzeichen Skorpion sind die Farben Türkis, Leuchtgrün, Blaugrün, Dunkelblau, Dunkelviolett ... Zu welcher Farbe fühlst du dich heute am meisten hingezogen? Trage sie bei dir in Form von Kleidung, Kristallen oder Bildern.

21 Freitag ♐

Feuer | veränderlich | Wärme | Frucht | Oberschenkel | Eiweiß

22 Samstag ♐

Feuer | veränderlich | Wärme | Frucht | Oberschenkel | Eiweiß

23 Sonntag ♐

Feuer | veränderlich | Wärme | Frucht | Oberschenkel | Eiweiß

… FEBRUAR | MÄRZ

Woche 9

Frage der Woche:
Wie stellst du dir das Leben deiner Träume vor?

---

24 Montag ♑ Erde | kardinal | Kälte | Wurzel | Knochen, Knie, Haut | Salz

---

25 Dienstag ♑ Erde | kardinal | Kälte | Wurzel | Knochen, Knie, Haut | Salz

---

26 Mittwoch ♒ Luft | fix | Licht | Blüte | Venen, Unterschenkel | Fett

27 Donnerstag
Weiberfastnacht

(♒ Luft | fix | Licht | Blüte | Venen, Unterschenkel | Fett

---

28 Freitag

○ ♓ Wasser | veränderlich | Feuchte | Blatt | Füße, Aura | Kohlenhydrate

Neumond 01:44
Nimm abends ein Schaumbad – wenn du hast, füge einen Rosenquarz hinzu. Finde zu Liebe und Frieden. Lege dir einen Rosenquarz oder Amethyst ans Bett – und bitte vor dem Schlafen darum, dass du dich an deine Träume erinnern kannst. Mache dir gleich in der Früh Notizen davon. Bevor du aufstehst, sprich 12 Mal: »Ich lebe meinen Traum.«

---

1 Samstag

) ♓ Wasser | veränderlich | Feuchte | Blatt | Füße, Aura | Kohlenhydrate

---

2 Sonntag

) ♈ Feuer | kardinal | Wärme | Frucht | Kopf, Augen | Eiweiß

März

NEUMOND IN DEN FISCHEN

Das Schönste, was man an diesem Tag wohl tun kann, ist, sich dem Element Wasser, dem Frieden und seinen Träumen zuzuwenden.

LICHTVOLLE IMPULSE FÜR DICH UND DEIN KIND AN FISCHETAGEN:

Für dein Baby: Eine Füßchenmassage regt die Reflexzonen für ganzheitliches Wohlbefinden an!

Für dein Kleinkind: Mache Schüttübungen mit Wasser!

Für dein älteres Kind: Lege heute einen Kunsttag ein!

Für dein inneres Kind: Führe ein Traumtagebuch!

BASTELPROJEKT DES MONATS: MALEN NACH MUSIK

Du brauchst: Wasserfarben mit Deckweiß, Papier, Pinsel, Musik

Anleitung: Male ein Bild mit Pastellfarben – lasse dich dabei inspirieren vom Fluss der Musik!

KÖRPERLICHE HARMONISIERUNG: Nerven, Leber, Füße, Körperseiten, Aura; Gehmeditation, Schwimmen

SEELISCHE HÜLLENPFLEGE: Empathie, Gefühlsharmonie, Hilfsbereitschaft, Stille, Romantik, Frieden, Sensibilität

GEISTIGES BILDUNGSZIEL: Medialität, Intuition, Einheitsbewusstsein, Zugang zum Unterbewusstsein, musische Fähigkeiten, Gnostik, Kreativität, Spiritualität, All-Eins-Sein

ÜBERSINNLICHES FÖRDERPOTENZIAL: Medialität (Hellfühlen, Hellsehen, Hellhören …)

UNSER LERNTHEMA IM NEUEN MONDZYKLUS: ....
....
....

Die Analogien für das Sternzeichen Fische unterstützen die Ausbildung dieser Förderpotenziale, Fähigkeiten und Talente.

ELEMENT:	**Wasser** (Ozean)
WITTERUNGSQUALITÄT:	bewegliche **Feuchte**
FARBEN:	bläuliches Weiß, Hellblau, Meergrün, Opal, Pastellgrün, Violett
KRISTALLE:	Amethyst, Rosenquarz, Larimar, Smithsonit
MAGISCHE LERNORTE:	Meer, Nebel, heilige Orte, Grünflächen, Atelier, Traumzelt
MATERIALIEN:	Badespielzeug, Klavier, Bilder, Malsachen, pastellfarbene Tücher, Musik, Gefäße für Flüssigkeiten, Ikosaeder
TIERE:	mystisch-magische Tiere wie Einhörner, weiße Pferde, Meerestiere wie Delphine und Fische
GESUNDE ERNÄHRUNG:	hochwertige **Kohlenhydrate** aus Vollkornprodukten, Brötchen, Reis
	Gewürze: Blattkräuter wie Kresse, Petersilie, Meersalz, Löwenzahn, Sellerie, Sojasauce
	Obst: wasserhaltige, gelartige Früchte wie Kaki, Maracuja, Melonen, Litschi, Papaya, Rhabarber
	Gemüse: Blattgemüse wie Chicoréesalat, Endiviensalat, Mangold, Spinat, Wildkräuter; Kohlarten (China-, Grün-, Rosenkohl); wasserhaltige Gemüse wie Gurken, Pilze, Spargel; Algen, Fische und Meeresfrüchte, Sushi
PFLANZENTEIL:	**Blatt**
PLANET:	**Neptun,** Nachtseite von **Jupiter**

MÄRZ

Woche 10

Frage der Woche:
Welche Netzwerke und Freundschaften möchtest du stärken?

....
....
....
....
....

3 Montag
Rosenmontag

Feuer | kardinal | Wärme | Frucht | Kopf, Augen | Eiweiß

4 Dienstag

Erde | fix | Kälte | Wurzel | Kiefer, Hals | Salz

5 Mittwoch
Aschermittwoch

Erde | fix | Kälte | Wurzel | Kiefer, Hals | Salz

6 Donnerstag   ♊   Luft | veränderlich | Licht | Blüte | Schultern, Arme, Hände | Fett

zunehmender Halbmond

Umfasse deinen Daumen mit den Fingern der anderen Hand – wechsle nach etwa fünf Minuten die Seite. Fühlst du die Energie pulsieren?

7 Freitag   ♊   Luft | veränderlich | Licht | Blüte | Schultern, Arme, Hände | Fett

8 Samstag   ♋   Wasser | kardinal | Feuchte | Blatt | Brust, Magen, Lunge | Kohlenhydrate

9 Sonntag   ♋   Wasser | kardinal | Feuchte | Blatt | Brust, Magen, Lunge | Kohlenhydrate

MÄRZ

Woche 11

Frage der Woche:
Was kannst du nun ernten?

....
....
....
....
....

---

10 Montag ♌ Feuer | fix | Wärme | Frucht | Herz, Zwerchfell, Kreislauf | Eiweiß

---

11 Dienstag ♌ Feuer | fix | Wärme | Frucht | Herz, Zwerchfell, Kreislauf | Eiweiß

---

12 Mittwoch ♌ Feuer | fix | Wärme | Frucht | Herz, Zwerchfell, Kreislauf | Eiweiß

13 Donnerstag   ♍   Erde | veränderlich | Kälte | Wurzel | Bauch, Verdauungsorgane | Salz

14 Freitag   ♍   Erde | veränderlich | Kälte | Wurzel | Bauch, Verdauungsorgane | Salz

Vollmond 07:54 (totale Mondfinsternis 07:59)

Kennzeichne einen Ort in deinem Garten oder in deinem Balkonkasten, den du einzäunst als »Sanktuarium«: Dieser Bereich wird allein Mutter Erde überlassen, da sich darin Pflanzen von selbst aussäen und ansiedeln dürfen – ganz ohne menschliches Zutun.

15 Samstag   ♎   Luft | kardinal | Licht | Blüte | Hüften, Nieren | Fett
☿ᴿ bis 7.4.

16 Sonntag   ♎   Luft | kardinal | Licht | Blüte | Hüften, Nieren | Fett

MÄRZ

Woche 12

Frage der Woche:
Was lässt du los, da es nicht im Einklang ist mit deinen höheren Zielen und da es deiner Weiterentwicklung nicht länger dienlich ist?

....
....
....
....

---

17 Montag ♎ Luft | kardinal | Licht | Blüte | Hüften, Nieren | Fett

---

18 Dienstag ♏ Wasser | fix | Feuchte | Blatt | Geschlechtsorgane | Kohlenhydrate

---

19 Mittwoch ♏ Wasser | fix | Feuchte | Blatt | Geschlechtsorgane | Kohlenhydrate

20 Donnerstag
Frühlingsanfang

Feuer | veränderlich | Wärme | Frucht | Oberschenkel | Eiweiß

21 Freitag
Ostara

Feuer | veränderlich | Wärme | Frucht | Oberschenkel | Eiweiß

abnehmender Halbmond
Heute erscheint dir vor dem Einschlafen die »Glücksfee« – sie stellt dir die »Wunderfrage«: »Wie sieht für dich der perfekte Tag aus – der Tag, an dem all deine Probleme gelöst sind?« Diese Vision lässt dich am nächsten Tag bestimmt glücklich aufwachen!

22 Samstag

Feuer | veränderlich | Wärme | Frucht | Oberschenkel | Eiweiß

23 Sonntag

Erde | kardinal | Kälte | Wurzel | Knochen, Knie, Haut | Salz

MÄRZ

Woche 13

Frage der Woche:
Welche Initiative möchtest du ergreifen?

....
....
....
....
....

---

24 Montag ☾ ♑ Erde | kardinal | Kälte | Wurzel | Knochen, Knie, Haut | Salz 🌙

---

25 Dienstag ☾ ♒ Luft | fix | Licht | Blüte | Venen, Unterschenkel | Fett 🌙

---

26 Mittwoch ☾ ♒ Luft | fix | Licht | Blüte | Venen, Unterschenkel | Fett 🌙

27 Donnerstag ☾ ♓ Wasser | veränderlich | Feuchte | Blatt | Füße, Aura | Kohlenhydrate

28 Freitag ☾ ♓ Wasser | veränderlich | Feuchte | Blatt | Füße, Aura | Kohlenhydrate

29 Samstag ○ ♈ Feuer | kardinal | Wärme | Frucht | Kopf, Augen | Eiweiß

Neumond 11:57 (partielle Sonnenfinsternis 11:47)

Beginne heute etwas ganz Neues! Und sage 12 Mal: »Ich konzentriere mich auf das, was ich eigentlich wirklich will. Ich gehe mutig meinen Weg.«

30 Sonntag ☽ ♈ Feuer | kardinal | Wärme | Frucht | Kopf, Augen | Eiweiß
Beginn der Sommerzeit

April

 NEUMOND IM WIDDER

Das Schönste, was man an diesem Tag wohl tun kann, ist, sich dem Element Feuer, der Welt der kosmischen Funken zuzuwenden und die Initiative zu ergreifen.

LICHTVOLLE IMPULSE FÜR DICH UND DEIN KIND AN WIDDERTAGEN:

Für dein Baby: Das Halten des Köpfchens wirkt besänftigend!

Für dein Kleinkind: Für eine Stunde darfst allein du bestimmen!

Für dein älteres Kind: Mache etwas Sport mit schnellen Abfolgen und Überkreuzbewegungen!

Für dein inneres Kind: Sei Anführer in einem Bereich, in dem du es dir zutraust!

BASTELPROJEKT DES MONATS: SAMENBOMBEN

Du brauchst: je 4 Handvoll Ton und Erde, 1 Handvoll Samen, Wasser

Anleitung: Mische die trockenen Zutaten in einer Schüssel. Füge so viel Wasser hinzu, dass ein dickflüssiger Teig entsteht, aus dem du Kugeln in Walnussgröße formst. Lasse diese etwa zwei Tage lang trocknen. Sie funktionieren nach dem Prinzip: werfen, wässern, wachsen!

KÖRPERLICHE HARMONISIERUNG: Sinnesorgane, Kopf, Gehirn, Gesicht, Augen, Nase; Agilität

SEELISCHE HÜLLENPFLEGE: Mut, Durchsetzungskraft, Motivation, Spontaneität, Enthusiasmus

GEISTIGES BILDUNGSZIEL: Weitsicht, Rationalität, Planungsgeschick, Mentalkraft, Konzentrationsvermögen, Gedankenhygiene, Gedächtnisstärkung, Kopfgeometrie, Überblick, Führungskraft, Selbstbestimmung

ÜBERSINNLICHES FÖRDERPOTENZIAL: Remote Viewing (Form des Hellsehens)

UNSER LERNTHEMA IM NEUEN MONDZYKLUS: ....
....
....

Die Analogien für das Sternzeichen Widder unterstützen die Ausbildung dieser Förderpotenziale, Fähigkeiten und Talente.

ELEMENT:	**Feuer** (Funken, Blitze, Vulkanausbruch)
WITTERUNGSQUALITÄT:	impulsgebende **Wärme**
FARBEN:	Rubinrot
KRISTALLE:	Diamant, Granat, Feuerachat, Lavagestein
MAGISCHE LERNORTE:	Lagerfeuer, Sportplatz, Initiationszentrum, rote Erde
MATERIALIEN:	Kopfbedeckung, Schlaginstrumente, Sinnesspiele mit Farben, Teelicht, Spielzeug mit besonderen Motoren, Pyramide
TIERE:	Feuersalamander, Leopard, Raubkatze, Widder
GESUNDE ERNÄHRUNG:	hochwertige **Eiweiße** – Hülsenfrüchte wie Avocado, Bohnen, Erbsen, Linsen, Soja; Nüsse
	Gewürze: Chili, Kresse, Koriander, Paprika, Peperoni, Pfeffer, Rucola, Senf
	Obst: Beerenfrüchte, stacheliges Obst wie Ananas, Kaktusfeigen, Stachelbeeren
	Gemüse: rotes, scharfes Gemüse wie Rettich, Radieschen, Rote Bete, Zwiebeln; Fruchtgemüse wie Auberginen, Mais, Meerrettich, Gurken, Kürbis, Oliven, Paprika, Tomaten, Zucchini
PFLANZENTEIL:	**Frucht**
PLANET:	**Mars** (Tagseite)

MÄRZ | APRIL

Woche 14

Frage der Woche:
Welche Mineralien und Nährstoffe braucht dein Körper, um sich wohlzufühlen?

....
....
....
....
....

31 Montag ♉ Erde | fix | Kälte | Wurzel | Kiefer, Hals | Salz

1 Dienstag ♉ Erde | fix | Kälte | Wurzel | Kiefer, Hals | Salz

2 Mittwoch ♊ Luft | veränderlich | Licht | Blüte | Schultern, Arme, Hände | Fett

3 Donnerstag

Luft | veränderlich | Licht | Blüte | Schultern, Arme, Hände | Fett

4 Freitag

Wasser | kardinal | Feuchte | Blatt | Brust, Magen, Lunge | Kohlenhydrate

5 Samstag

Wasser | kardinal | Feuchte | Blatt | Brust, Magen, Lunge | Kohlenhydrate

zunehmender Halbmond

Begib dich an ein Gewässer. Klopfe sanft deine Thymusdrüse 12 Mal im Uhrzeigersinn. Nun atme tief ein ... und wieder aus ... mehrere Male. Jetzt ... atme silbriges Licht ein ... Licht in Meeresgrün ... Türkis ... Rosa ... Lasse bei jedem Einatmen diese Farbe in dich einfließen und beim Ausatmen deinen ganzen Körper damit durchströmen. Die Wellen der Farben und der Gefühle wechseln sich ab.

6 Sonntag

Wasser | kardinal | Feuchte | Blatt | Brust, Magen, Lunge | Kohlenhydrate

APRIL
Woche 15

Frage der Woche:
Welche Farben nimmt die Aura des Waage-Vollmondes an?

. . . .

7 Montag ♌ Feuer | fix | Wärme | Frucht | Herz, Zwerchfell, Kreislauf | Eiweiß

8 Dienstag ♌ Feuer | fix | Wärme | Frucht | Herz, Zwerchfell, Kreislauf | Eiweiß
☿ wieder direktläufig

9 Mittwoch ♍ Erde | veränderlich | Kälte | Wurzel | Bauch, Verdauungsorgane | Salz

10 Donnerstag

Erde | veränderlich | Kälte | Wurzel |
Bauch, Verdauungsorgane | Salz

11 Freitag

Erde | veränderlich | Kälte | Wurzel |
Bauch, Verdauungsorgane | Salz

12 Samstag

Luft | kardinal | Licht | Blüte | Hüften, Nieren | Fett

13 Sonntag
Palmsonntag

Luft | kardinal | Licht | Blüte | Hüften, Nieren | Fett

Vollmond 02:22

In der europäischen Gegend wurde dieser romantische Vollmond früher auch »Rosa Mond« genannt. Erfreue dich an der Blütezeit – dekoriere deine Wohnräume mit Frühlingsblumen.

# APRIL
Woche 16

Frage der Woche:
Wovon möchtest du dich abgrenzen und distanzieren bis Neumond?

....
....
....
....
....

---

14 Montag ♏ Wasser | fix | Feuchte | Blatt | Geschlechtsorgane | Kohlenhydrate

---

15 Dienstag ♏ Wasser | fix | Feuchte | Blatt | Geschlechtsorgane | Kohlenhydrate

---

16 Mittwoch ♏ Wasser | fix | Feuchte | Blatt | Geschlechtsorgane | Kohlenhydrate

17 Donnerstag
Gründonnerstag

Feuer | veränderlich | Wärme | Frucht | Oberschenkel | Eiweiß

18 Freitag
Karfreitag

Feuer | veränderlich | Wärme | Frucht | Oberschenkel | Eiweiß

19 Samstag

Erde | kardinal | Kälte | Wurzel | Knochen, Knie, Haut | Salz

20 Sonntag
Ostersonntag

Erde | kardinal | Kälte | Wurzel | Knochen, Knie, Haut | Salz

abnehmender Halbmond

In der Mitte der Kniegelenksfalte liegt ein »Steinbock-Wohlfühlpunkt«: Massiere diese Stelle in kleinen Kreisen und lasse sämtliche Anspannungen los. Dieser Punkt erhöht die Beweglichkeit in den Knien, mindert Beinschmerzen und hat eine positive Wirkung auf die Haut.

APRIL

Woche 17

Frage der Woche:
Welche Samen möchtest du in diese Erde säen?

....
....
....
....
....
....

---

21 Montag
Ostermontag

♑ Erde | kardinal | Kälte | Wurzel | Knochen, Knie, Haut | Salz

....
....
....
....
....

---

22 Dienstag

♒ Luft | fix | Licht | Blüte | Venen, Unterschenkel | Fett

....
....
....
....
....

---

23 Mittwoch

♒ Luft | fix | Licht | Blüte | Venen, Unterschenkel | Fett

....
....
....
....
....

24 Donnerstag ☾ ♓

Wasser | veränderlich | Feuchte | Blatt | Füße, Aura | Kohlenhydrate

---

25 Freitag ☾ ♓

Wasser | veränderlich | Feuchte | Blatt | Füße, Aura | Kohlenhydrate

---

26 Samstag ☾ ♈

Feuer | kardinal | Wärme | Frucht | Kopf, Augen | Eiweiß

---

27 Sonntag ○ ♈

Feuer | kardinal | Wärme | Frucht | Kopf, Augen | Eiweiß

Neumond 21:31

Stelle dich barfuß auf die Erde. Nimm den Boden unter dir wahr – und stelle dir vor, dass Wurzeln aus deinen Füßen in die Erde wachsen. Fühle dich dadurch stark und stabil und sprich 12 Mal: »Ich bin in Sicherheit, mit der Erde in Kontakt.«

Mai

NEUMOND IM STIER

Das Schönste, was man an diesem Tag wohl tun kann, ist, sich dem Element Erde, der Schönheit der Materie und der Fülle der Natur zuzuwenden.

LICHTVOLLE IMPULSE FÜR DICH UND DEIN KIND AN STIERTAGEN:

Für dein Baby: Lasse es unterschiedliche Geschmacksformen genießen (süß, sauer, etwas salzig)!

Für dein Kleinkind: Sammle schöne Sachen in ein Körbchen und benenne sie!

Für dein älteres Kind: Male mit getrockneten Tonstücken!

Für dein inneres Kind: Singe!

BASTELPROJEKT DES MONATS: BADESALZ MIT ROSENBLÜTEN

Du brauchst: 300 g Totes-Meer-Salz, 2 EL Mandelöl, 1 Handvoll Rosenblüten, 10 Tropfen ätherisches Öl nach Wahl, einen schönen Behälter

Anleitung: Gib alle Zutaten zusammen in einen Mixer, verrühre sie und fülle sie in ein Glas mit Schraubverschluss. Genieße ein Vollbad mit 2-3 EL Badesalz.

KÖRPERLICHE HARMONISIERUNG: Blutkreislauf, Hals, Zähne, Kiefer, Mandeln, Nacken, Ohren, Sprachorgane, Schilddrüse; gesundes Körpergefühl

SEELISCHE HÜLLENPFLEGE: Taktgefühl, Genuss, Geduld, Sinnesfreude, Sicherheit, Harmonie, Treue, Ruhe, innere Fülle, Naturverbundenheit, Selbstwert

GEISTIGES BILDUNGSZIEL: Wertebewusstsein, Geradlinigkeit, Sinn für Schönheit, Gewissenhaftigkeit, Standhaftigkeit, Realitätsnähe

ÜBERSINNLICHES FÖRDERPOTENZIAL: Verbundenheit mit Gaia (Fähigkeit, die Bedürfnisse von Mutter Erde wahrzunehmen und zu stillen)

UNSER LERNTHEMA IM NEUEN MONDZYKLUS: ....
....
....

Die Analogien für das Sternzeichen Stier unterstützen die Ausbildung dieser Förderpotenziale, Fähigkeiten und Talente.

ELEMENT:	**Erde** (fruchtbarer Gartenboden, Pflanzerde)
WITTERUNGSQUALITÄT:	beständige **Kälte**
FARBEN:	Dunkelblau, Hellrot, Grasgrün, Pink, Rosa, Rotorange
KRISTALLE:	Baumachat, Malachit, Rhodochrosit, Karneol (pink)
MAGISCHE LERNORTE:	Garten, Steinkreis, Klangstudio, Orte mit viel Lehm, Sandkasten, Zuhause, Bauernhof
MATERIALIEN:	Kinderkochbuch, Beton/Lehm/Ton, Baumaterial, Holzspielzeug, traditionelle Blasinstrumente, Würfel
TIERE:	Bulle, Kuh, Stier, Taube
GESUNDE ERNÄHRUNG:	hochwertiges **Salz** wie Steinsalz
	Gewürze: Majoran, Oregano, Pfefferminze, Rosenblütenblätter, Safran, Salbei, Thymian, Vanille
	Obst: Äpfel, Erdbeeren, Himbeeren, Kirschen, Johannisbeeren; Schokolade
	Gemüse: Kartoffeln, Knoblauch, Kohlrabi, Königskerzenwurzeln, Lauch, Löwenzahnwurzeln, Möhren, Radieschen, Rettich, Rote Bete, Sellerie, Schwarzwurzel, Zuckerrüben, Zwiebeln
PFLANZENTEIL:	**Wurzel**
PLANET:	**Venus** als Morgenstern

APRIL | MAI

Woche 18

Frage der Woche:
Welche Herzensverbindungen möchtest du wahren und stärken?

---

28 Montag ♉ Erde | fix | Kälte | Wurzel | Kiefer, Hals | Salz

---

29 Dienstag ♉ Erde | fix | Kälte | Wurzel | Kiefer, Hals | Salz

---

30 Mittwoch
Walpurgisnacht
♊ Luft | veränderlich | Licht | Blüte | Schultern, Arme, Hände | Fett

1 Donnerstag
Tag der Arbeit
Beltane

☽ ♊ Luft | veränderlich | Licht | Blüte | Schultern, Arme, Hände | Fett

2 Freitag

☽ ♋ Wasser | kardinal | Feuchte | Blatt | Brust, Magen, Lunge | Kohlenhydrate

3 Samstag

☽ ♋ Wasser | kardinal | Feuchte | Blatt | Brust, Magen, Lunge | Kohlenhydrate

4 Sonntag

☽ ♌ Feuer | fix | Wärme | Frucht | Herz, Zwerchfell, Kreislauf | Eiweiß

zunehmender Halbmond
Säe heute Sonnenblumen!

MAI

Woche 19

Frage der Woche:

Achtest du genug auf dich selbst? Tue in dieser Woche etwas Gutes für dich selbst – und lade jemanden dazu ein, wenn du möchtest.

. . . .
. . . .
. . . .
. . . .

5 Montag — Feuer | fix | Wärme | Frucht | Herz, Zwerchfell, Kreislauf | Eiweiß

6 Dienstag — Erde | veränderlich | Kälte | Wurzel | Bauch, Verdauungsorgane | Salz

7 Mittwoch   Erde | veränderlich | Kälte | Wurzel | Bauch, Verdauungsorgane | Salz

8 Donnerstag

♍ Erde | veränderlich | Kälte | Wurzel | Bauch, Verdauungsorgane | Salz

9 Freitag

♎ Luft | kardinal | Licht | Blüte | Hüften, Nieren | Fett

10 Samstag

♎ Luft | kardinal | Licht | Blüte | Hüften, Nieren | Fett

11 Sonntag
Muttertag

♏ Wasser | fix | Feuchte | Blatt | Geschlechtsorgane | Kohlenhydrate

MAI

Woche 20

Frage der Woche:
Was ist dein »magisches Wort«, das dir zu Vollmond einfällt?

....
....
....
....
....

12 Montag ♏ Wasser | fix | Feuchte | Blatt | Geschlechtsorgane | Kohlenhydrate

....
....
....

Vollmond 18:55
An diesem Vollmond ist die Heilkraft der Pflanzen am intensivsten im ganzen Jahr! Gehe in die Natur – sammle heilsame Blätter und Kräutersträuße für deinen Wintervorrat. Achte darauf, dass du sie kennst und weißt, dass sie essbar sind.

13 Dienstag ♏ Wasser | fix | Feuchte | Blatt | Geschlechtsorgane | Kohlenhydrate

....
....
....
....
....

14 Mittwoch ♐ Feuer | veränderlich | Wärme | Frucht | Oberschenkel | Eiweiß

....
....
....
....
....

15 Donnerstag — Feuer | veränderlich | Wärme | Frucht | Oberschenkel | Eiweiß

16 Freitag — Erde | kardinal | Kälte | Wurzel | Knochen, Knie, Haut | Salz

17 Samstag — Erde | kardinal | Kälte | Wurzel | Knochen, Knic, Haut | Salz

18 Sonntag — Erde | kardinal | Kälte | Wurzel | Knochen, Knie, Haut | Salz

MAI

Woche 21

Frage der Woche:
Wovon möchtest du dein System entschlacken?

....
....
....
....
....
....

19 Montag — Luft | fix | Licht | Blüte | Venen, Unterschenkel | Fett

....
....
....
....
....

20 Dienstag — Luft | fix | Licht | Blüte | Venen, Unterschenkel | Fett

....
....
....

abnehmender Halbmond
Das Sternzeichen Wassermann steht für Vernetzung im »World Wide Web«. Damit ist mehr als nur das Internet gemeint. Falls du dich etwas gehetzt fühlst durch die vielen Informationen, gehe einfach raus in die Natur oder betrachte den Sternenhimmel – die harmonisierende Verbindung mit dem analogen, kosmischen »Wasser-Licht-Netz« ist heute möglich!

21 Mittwoch — Wasser | veränderlich | Feuchte | Blatt | Füße, Aura | Kohlenhydrate

....
....
....
....
....

22 Donnerstag ♓ Wasser | veränderlich | Feuchte | Blatt | Füße, Aura | Kohlenhydrate

23 Freitag ♈ Feuer | kardinal | Wärme | Frucht | Kopf, Augen | Eiweiß

24 Samstag ♈ Feuer | kardinal | Wärme | Frucht | Kopf, Augen | Eiweiß

25 Sonntag ♉ Erde | fix | Kälte | Wurzel | Kiefer, Hals | Salz

MAI | JUNI

Woche 22

Frage der Woche:
Wen triffst du zu Neumond und welche lichtvollen Kräfte löst das in dir aus?

. . . .
. . . .
. . . .
. . . .
. . . .

26 Montag (♉ Erde | fix | Kälte | Wurzel | Kiefer, Hals | Salz

27 Dienstag ○ ♊ Luft | veränderlich | Licht | Blüte | Schultern, Arme, Hände | Fett

Neumond 05:02
Begib dich auf eine Wiese – betrachte eine Weile deine nähere Umgebung ... Lausche dem Summen der Bienen. Beobachte die Schmetterlinge ... Fühle auch du dich leicht und nimm wahr, dass auch du ein Lichtfeld hast wie eine Blüte. Sammle ein paar Blumen und sprich dabei 12 Mal: »Ich bin Licht.«

28 Mittwoch) ♊ Luft | veränderlich | Licht | Blüte | Schultern, Arme, Hände | Fett

29 Donnerstag
Christi Himmelfahrt
Vatertag

♋ Wasser | kardinal | Feuchte | Blatt | Brust, Magen, Lunge | Kohlenhydrate

30 Freitag

♋ Wasser | kardinal | Feuchte | Blatt | Brust, Magen, Lunge | Kohlenhydrate

31 Samstag

♌ Feuer | fix | Wärme | Frucht | Herz, Zwerchfell, Kreislauf | Eiweiß

1 Sonntag

♌ Feuer | fix | Wärme | Frucht | Herz, Zwerchfell, Kreislauf | Eiweiß

Juni

NEUMOND IN DEN ZWILLINGEN

Das Schönste, was man an diesem Tag wohl tun kann, ist, sich dem Element Luft, der Schönheit der Materie und der Fülle der Natur zuzuwenden.

LICHTVOLLE IMPULSE FÜR DICH UND DEIN KIND AN ZWILLINGETAGEN:

Für dein Baby: Die Veilchenwurz stärkt die Nerven der Mutter und unterstützt das Zahnen!

Für dein Kleinkind: Verbinde Reime mit Armbewegungen und Fingerspielen!

Für dein älteres Kind: Lerne heute ein paar Fremdsprachenvokabeln!

Für dein inneres Kind: Gönne dir eine Handmassage!

BASTELPROJEKT DES MONATS: BLÜTENPUZZLE

Du brauchst: verschiedene Blüten

Anleitung: Zupfe sanft die Blütenblätter ab und bilde daraus neue, bunte, facettenreiche Blumen, indem du sie wie ein Mandala legst. Eine lichtvolle Kraft steckt heute in der Blüte und verbindet sich mit deinen Händen.

KÖRPERLICHE HARMONISIERUNG: Arme, Finger, Lunge, Hände, Schultern, Zehen; Feinmotorik, Tastsinn, Schreiben, Atemgesundheit

SEELISCHE HÜLLENPFLEGE: Leichtigkeit, Offenheit, Fröhlichkeit, Lebensfreude, Freundlichkeit, Geschwisterliebe, Freundschaft

GEISTIGES BILDUNGSZIEL: kommunikative Fähigkeiten, Mitsprache, Sprachenlernen, Aussprache, Redefreude, Intellekt, Detailblick, geistige Beweglichkeit

ÜBERSINNLICHES FÖRDERPOTENZIAL: Telepathie (Gedankenübertragung)

UNSER LERNTHEMA IM NEUEN MONDZYKLUS: ....

....

....

Die Analogien für das Sternzeichen Zwilling unterstützen die Ausbildung dieser Förderpotenziale, Fähigkeiten und Talente.

ELEMENT:	**Luft** (Lichtnetzwerk, nuancenreiche Luft)
WITTERUNGSQUALITÄT:	veränderliches **Licht**
FARBEN:	Gelb, Hellgelb, Hellblau
KRISTALLE:	Calcit (gelb), Citrin, Aquamarin, Turmalin (hellblau)
MAGISCHE LERNORTE:	Blumenwiese, lichtvolle Orte an der frischen Luft, harzhaltiger Nadelwald, atemwegsstärkende Meeresbrise, Bücherzimmer, Schule, Werkstatt, Malatelier
MATERIALIEN:	Puzzle, Bücher (Fühl-, Lieder-, Lese-, Fremdsprachenbuch), Handpuppe, Nadel und Faden, Memory, Wörterspiele, Steckspiel, Oktaeder
TIERE:	Vögel, Insekten, Bienen, Schmetterlinge
GESUNDE ERNÄHRUNG:	hochwertige **Fette** und Öle aus Avocado, Kernen, Haselnüssen, Kokos, Lein, Raps
	Gewürze: Blüten wie Holunder, Salbei; Anis, Curry, Dill, Koriandersamen, Kümmelsamen, Lavendel, Liebstöckel, Petersilie, Thymian, Zitronelle, Zitronengras
	Obst: lichthaltige Früchte wie Ananas, Erdbeeren, Stachelbeeren, Himbeeren, gelbe Äpfel
	Gemüse: Artischocken, Blumenkohl, Brokkoli, Endiviensalat, Fenchel, Erbsen, Karotten, Romanesco, Rosenkohl, Schnittsellerie
PFLANZENTEIL:	**Blüte**
PLANET:	**Merkur** (Tagseite)

JUNI

Woche 23

Frage der Woche:

Was gibt es noch zu bereinigen und zu pflegen bis Vollmond, damit du diese hohe Energie genießen kannst?

....
....
....
....

---

2 Montag ☽ ♌ Feuer | fix | Wärme | Frucht | Herz, Zwerchfell, Kreislauf | Eiweiß

....
....
....

---

3 Dienstag ☽ ♍ Erde | veränderlich | Kälte | Wurzel | Bauch, Verdauungsorgane | Salz

....
....
....

zunehmender Halbmond

Pflege heute deine Haare besonders gut. Kämme sie mit einer Wurzelbürste – 100 Bürstenstriche sorgen für glänzendes, geschmeidiges Haar und einen erholsamen Schlaf.

---

4 Mittwoch ☽ ♍ Erde | veränderlich | Kälte | Wurzel | Bauch, Verdauungsorgane | Salz

....
....
....
....

5 Donnerstag ♎ Luft | kardinal | Licht | Blüte | Hüften, Nieren | Fett

6 Freitag ♎ Luft | kardinal | Licht | Blüte | Hüften, Nieren | Fett

7 Samstag ♎ Luft | kardinal | Licht | Blüte | Hüften, Nieren | Fett

8 Sonntag ♏ Wasser | fix | Feuchte | Blatt | Geschlechtsorgane | Kohlenhydrate
Pfingstsonntag

JUNI

Woche 24

Frage der Woche:
Wie kannst du im Einklang schwingen mit dieser Energieerhöhung?

....
....
....
....
....
....

9 Montag
Pfingstmontag

Wasser | fix | Feuchte | Blatt | Geschlechtsorgane | Kohlenhydrate

10 Dienstag

Feuer | veränderlich | Wärme | Frucht | Oberschenkel | Eiweiß

11 Mittwoch

Feuer | veränderlich | Wärme | Frucht | Oberschenkel | Eiweiß

Vollmond 09:43

Mache eine Reise oder Wanderung – nimm dir ein paar Erdbeeren mit. Begib dich an einen Aussichtspunkt und blicke in die Ferne – was ist es, das dich glücklich stimmt, wenn du an die Zukunft denkst? Sie leuchtet dir entgegen in wundervollen Farben und Lichtern!

12 Donnerstag Feuer | veränderlich | Wärme | Frucht | Oberschenkel | Eiweiß

13 Freitag Erde | kardinal | Kälte | Wurzel | Knochen, Knie, Haut | Salz

14 Samstag Erde | kardinal | Kälte | Wurzel | Knochen, Knie, Haut | Salz

15 Sonntag Luft | fix | Licht | Blüte | Venen, Unterschenkel | Fett

… JUNI
Woche 25

Frage der Woche:
Wovon möchtest du deine Aura reinigen – was soll dein Lichtfeld verlassen?

....
....
....
....
....

---

16 Montag — Luft | fix | Licht | Blüte | Venen, Unterschenkel | Fett

....
....
....
....
....

---

17 Dienstag — Wasser | veränderlich | Feuchte | Blatt | Füße, Aura | Kohlenhydrate

....
....
....
....
....

---

18 Mittwoch — Wasser | veränderlich | Feuchte | Blatt | Füße, Aura | Kohlenhydrate

....
....
....

abnehmender Halbmond
Eine Fußmassage wirkt heute sehr entspannend. Stelle dich anschließend fest auf den Boden und visualisiere, dass sich an deinen Füßen wundervolle Lichtblütenblätter befinden. Von ihnen strömen wunderschöne Farben aus, die an genau die Stellen im Körper fließen, die dieses Licht gerade brauchen.

19 Donnerstag
Fronleichnam

♓ Wasser | veränderlich | Feuchte | Blatt | Füße, Aura | Kohlenhydrate

20 Freitag

♈ Feuer | kardinal | Wärme | Frucht | Kopf, Augen | Eiweiß

21 Samstag
Sommeranfang
Litha

♈ Feuer | kardinal | Wärme | Frucht | Kopf, Augen | Eiweiß

22 Sonntag

♉ Erde | fix | Kälte | Wurzel | Kiefer, Hals | Salz

JUNI

Woche 26

Frage der Woche:
Was braucht deine Seele im neuen Mondzyklus?

....
....
....
....
....
....

---

23 Montag   ☽ ♊   Luft | veränderlich | Licht | Blüte | Schultern, Arme, Hände | Fett

....
....
....
....
....

---

24 Dienstag   ☽ ♊   Luft | veränderlich | Licht | Blüte | Schultern, Arme, Hände | Fett

....
....
....
....
....

---

25 Mittwoch   ○ ♋   Wasser | kardinal | Feuchte | Blatt | Brust, Magen, Lunge | Kohlenhydrate

....
....
....

Neumond 12:31

Deine Mondoase: Dekoriere diesen Platz mit einer Matratze, weichen Kissen, Decken, einer Lichterkette oder sanftem Licht, Kristallen und deinem Lieblingskuscheltier. Du könntest diesen Platz durch Raumteiler oder Vorhänge abtrennen – es ist deine Wohlfühloase!

26 Donnerstag

♋ Wasser | kardinal | Feuchte | Blatt | Brust, Magen, Lunge | Kohlenhydrate

27 Freitag

♋ Wasser | kardinal | Feuchte | Blatt | Brust, Magen, Lunge | Kohlenhydrate

28 Samstag

♌ Feuer | fix | Wärme | Frucht | Herz, Zwerchfell, Kreislauf | Eiweiß

29 Sonntag

♌ Feuer | fix | Wärme | Frucht | Herz, Zwerchfell, Kreislauf | Eiweiß

Juli

NEUMOND IM KREBS

Das Schönste, was man an diesem Tag wohl tun kann, ist, sich dem Element Wasser und der Welt der Grünkraft, des Herzens, des Meeres und des Mondes zuzuwenden.

LICHTVOLLE IMPULSE FÜR DICH UND DEIN KIND AN KREBSTAGEN:

Für dein Baby: Das Schmusebedürfnis ist erhöht!

Für dein Kleinkind: Lasse es am oder mit Wasser spielen!

Für dein älteres Kind: Eine Wohlfühloase nährt die Seele.

Für dein inneres Kind: Mache ab und zu einen Mondscheinspaziergang!

BASTELPROJEKT DES MONATS: MONDBÜCHLEIN

Du brauchst: 1 Heftchen mit etwa 28 Seiten, Stifte.

Anleitung: Beginne mit der Gestaltung eines »Mondtagebuchs«: In diesem Monat wird der Mond sooft wie möglich beobachtet – das Kind malt ihn vom Himmel genau ab: von zunehmend, über Halbmond, Vollmond, abnehmend bis Neumond. Am Ende dieses Zyklus kannst du deinem Kind die Mondphasen anhand der gesammelten Bilder erklären.

KÖRPERLICHE HARMONISIERUNG: Nerven, Lunge, Brust, Magen, Leber, Gebärmutter; Schwimmen, Atemtechniken

SEELISCHE HÜLLENPFLEGE: Intuition, Liebe, Warmherzigkeit, Empathie, Feingefühl, Emotionsbalance, Herzenswärme, Zugehörigkeitsgefühl, Geborgenheit

GEISTIGES BILDUNGSZIEL: Kreativität, Behutsamkeit, Romantik, Phantasie, Familiensinn

ÜBERSINNLICHES FÖRDERPOTENZIAL: Kontakt mit der Seelenfamilie

UNSER LERNTHEMA IM NEUEN MONDZYKLUS: ....
....
....

Die Analogien für das Sternzeichen Krebs unterstützen die Ausbildung dieser Förderpotenziale, Fähigkeiten und Talente.

ELEMENT:	**Wasser** (in Form von Meeresbuchten, Bächen, Seen)
WITTERUNGSQUALITÄT:	einflussreiche **Feuchte**
FARBEN:	Meergrün, Smaragdgrün, Silber, Perlmutt
KRISTALLE:	Koralle, Mondstein, Perle, Smaragd
MAGISCHE LERNORTE:	das eigene Zimmer/Zuhause, Orte für emotionales Wohlbefinden, Wellnesstempel, Meer, smaragdgrüne Seen, Bäche, neblige Orte an der frischen Luft, atemwegsstärkende Orte wie der harzhaltige Wald, Malatelier
MATERIALIEN:	Kuscheltiere, Babypuppen, Kinderküche, Häuschen in allen Varianten, Nestchen, Muscheln, Ikosaeder
TIERE:	Delphin, Ente, Kaninchen, Meerestiere, Muscheln, Schalentiere, Seehund, Skarabäus
GESUNDE ERNÄHRUNG:	hochwertige **Kohlenhydrate**; Meeresfrüchte, (Mutter-)Milch

    Gewürze: Beifuß, Meersalz, Muskat, Mohnsamen, Vanille, Ysop

    Obst: süße, kaliumhaltige Früchte wie Aprikosen, Bananen, Birnen, Kirschen, Melone, Pfirsiche

    Gemüse: Kräuter und Blattgemüse wie Endivie, Kresse, Kopfsalat, Löwenzahn, Mangold, Petersilie, Pilze, Porree, Rapunzel, Rhabarber, Rucola, Salate, Spargel, Spinat; Mondpflanzen wie Gurken, Zucchini, Tomaten; Kohlarten wie China-, Rosen- und Grünkohl

PFLANZENTEIL:	**Blatt**
PLANET:	**Mond** (in wandelnden Erscheinungsformen)

JUNI | JULI

Woche 27

Frage der Woche:
Wie kannst bzw. wo solltest du Balance finden?

....
....
....
....
....

---

30 Montag ♍ Erde | veränderlich | Kälte | Wurzel | Bauch, Verdauungsorgane | Salz

---

1 Dienstag ♍ Erde | veränderlich | Kälte | Wurzel | Bauch, Verdauungsorgane | Salz

---

2 Mittwoch ♎ Luft | kardinal | Licht | Blüte | Hüften, Nieren | Fett

---

zunehmender Halbmond

Diese Übung kannst du im Alltag bei Tätigkeiten durchführen, bei denen du noch zählen kannst. Atme entspannt durch die Nase ein – zähle dabei bis vier. Halte den Atem an – zähle bis vier. Atme aus – zähle bis vier. Dieser Atemrhythmus mindert Zweifel und bringt Balance ins Leben.

3 Donnerstag ♎ Luft | kardinal | Licht | Blüte | Hüften, Nieren | Fett

4 Freitag ♎ Luft | kardinal | Licht | Blüte | Hüften, Nieren | Fett

5 Samstag ♏ Wasser | fix | Feuchte | Blatt | Geschlechtsorgane | Kohlenhydrate

6 Sonntag ♏ Wasser | fix | Feuchte | Blatt | Geschlechtsorgane | Kohlenhydrate

JULI
Woche 28

Frage der Woche:
Was kristallisiert sich in den Tagen um diesen Vollmond heraus?

....
....
....
....
....
....

---

7 Montag Feuer | veränderlich | Wärme | Frucht | Oberschenkel | Eiweiß

....
....
....
....
....
....

---

8 Dienstag Feuer | veränderlich | Wärme | Frucht | Oberschenkel | Eiweiß

....
....
....
....
....
....

---

9 Mittwoch Feuer | veränderlich | Wärme | Frucht | Oberschenkel | Eiweiß

....
....
....
....
....
....

10 Donnerstag   Erde | kardinal | Kälte | Wurzel |
                  Knochen, Knie, Haut | Salz

. . . .
. . . .
. . . .

Vollmond 22:36
Nimm einen Bergkristall in deine Hand und blicke ihn eine Weile konzentriert an. Schließe nun deine Augen. Welche Bilder kristallisieren sich heraus? Öffne deine Augen wieder. Spüre, wie alles um dich herum nun klar, rein und lichtvoll ist.

11 Freitag   Erde | kardinal | Kälte | Wurzel |
               Knochen, Knie, Haut | Salz

. . . .
. . . .
. . . .
. . . .
. . . .
. . . .

12 Samstag   Luft | fix | Licht | Blüte | Venen, Unterschenkel | Fett

. . . .
. . . .
. . . .
. . . .
. . . .
. . . .

13 Sonntag   Luft | fix | Licht | Blüte | Venen, Unterschenkel | Fett

. . . .
. . . .
. . . .
. . . .
. . . .
. . . .

JULI
Woche 29

Frage der Woche:
Was darf freigesetzt werden?

---

14 Montag ♒ Luft | fix | Licht | Blüte | Venen, Unterschenkel | Fett

---

15 Dienstag ♓ Wasser | veränderlich | Feuchte | Blatt | Füße, Aura | Kohlenhydrate

---

16 Mittwoch ♓ Wasser | veränderlich | Feuchte | Blatt | Füße, Aura | Kohlenhydrate

17 Donnerstag

Feuer | kardinal | Wärme | Frucht |
Kopf, Augen | Eiweiß

18 Freitag
☿ᴿ bis 11.8.

Feuer | kardinal | Wärme | Frucht |
Kopf, Augen | Eiweiß

abnehmender Halbmond

Reibe beide Hände aneinander, bis sie warm sind. Lege deine Handflächen nun auf die Augenzone – nimm wahr, wie sich deine Augen und dein Kopf dadurch entspannen.

19 Samstag

Erde | fix | Kälte | Wurzel | Kiefer, Hals | Salz

20 Sonntag

Erde | fix | Kälte | Wurzel | Kiefer, Hals | Salz

JULI

Woche 30

Frage der Woche:
Womit möchtest du dich präsentieren?

....
....
....
....
....

21 Montag
♊ Luft | veränderlich | Licht | Blüte | Schultern, Arme, Hände | Fett

....
....
....
....
....

22 Dienstag
♊ Luft | veränderlich | Licht | Blüte | Schultern, Arme, Hände | Fett

....
....
....
....
....

23 Mittwoch
♋ Wasser | kardinal | Feuchte | Blatt | Brust, Magen, Lunge | Kohlenhydrate

....
....
....
....
....

24 Donnerstag

♌ Feuer | fix | Wärme | Frucht | Herz, Zwerchfell, Kreislauf | Eiweiß

Neumond 21:11

Stelle dir vor, du sitzt in einer goldenen Pyramide – gleich am Morgen nach dem Aufstehen. Gehe spazieren zu Sonnenuntergang ... Sammle insgesamt so viel Sonnenlicht wie möglich im kommenden Monat. Goldenes Licht macht dich vital und mehrt die Lebensfreude.

25 Freitag

♌ Feuer | fix | Wärme | Frucht | Herz, Zwerchfell, Kreislauf | Eiweiß

26 Samstag

♌ Feuer | fix | Wärme | Frucht | Herz, Zwerchfell, Kreislauf | Eiweiß

27 Sonntag

♍ Erde | veränderlich | Kälte | Wurzel | Bauch, Verdauungsorgane | Salz

… JULI | AUGUST

Woche 31

Frage der Woche:
Welche Art von Energie möchtest du anziehen?

---

28 Montag ☽ ♍ Erde | veränderlich | Kälte | Wurzel | Bauch, Verdauungsorgane | Salz

---

29 Dienstag ☽ ♍ Erde | veränderlich | Kälte | Wurzel | Bauch, Verdauungsorgane | Salz

---

30 Mittwoch ☽ ♎ Luft | kardinal | Licht | Blüte | Hüften, Nieren | Fett

31 Donnerstag ☽ ♎ Luft | kardinal | Licht | Blüte | Hüften, Nieren | Fett

1 Freitag ☽ ♏ Wasser | fix | Feuchte | Blatt | Geschlechtsorgane | Kohlenhydrate
Lughnasadh

zunehmender Halbmond

Heute kannst du sicherlich eine starke Magie wahrnehmen: Für die alten Ägypter öffnete sich um diese Zeit das Löwentor. Die Kelten feierten mit dem ersten Kornschnitt an diesem Tag Lughnasadh – das »Fest der Brote«. Für die Mayas begann das »galaktische Neujahr«!

2 Samstag ☽ ♏ Wasser | fix | Feuchte | Blatt | Geschlechtsorgane | Kohlenhydrate

3 Sonntag ☽ ♏ Wasser | fix | Feuchte | Blatt | Geschlechtsorgane | Kohlenhydrate

August

NEUMOND IM LÖWEN

Das Schönste, was man an diesem Tag wohl tun kann, ist, sich dem Element Feuer und der Sonnenseite des Lebens zuzuwenden.

LICHTVOLLE IMPULSE FÜR DICH UND DEIN KIND AN LÖWETAGEN:

Für dein Baby: Singe ihm/ihr das Lied »Summ, summ, summ, Bienchen summ herum« vor!

Für dein Kleinkind: Hab Spaß am Spiel!

Für dein älteres Kind: Veranstalte eine Party!

Für dein inneres Kind: Nimm Kontakt zu Katzen auf!

BASTELPROJEKT DES MONATS: ICH-BUCH

Du brauchst: 1 Heftchen, Fotos, Kleber, Stifte

Anleitung: Klebe für jedes deiner Lebensjahre ein Foto (wenn du hast, ein Geburtstagsbild) in das Heftchen und schreibe deine positiven Eigenschaften bzw. etwas Freudiges über dich selbst zu jedem Bildchen dazu. Male als Titelseite eine Sonne und schreibe »ICH BIN DER, DER ICH BIN« darunter.

KÖRPERLICHE HARMONISIERUNG: Sinnesorgane, Blutkreislauf, Haare, oberer Rücken, Herz, Zwerchfell; Kreislaufkräftigung, Vitalität, physische Präsenz

SEELISCHE HÜLLENPFLEGE: Herzlichkeit, Großzügigkeit, Mut, Selbstsicherheit, Zentrierung, Individualität, Spaß

GEISTIGES BILDUNGSZIEL: Selbstbewusstsein, Optimismus, Selbstständigkeit, Kreativität, Selbstwirksamkeit

ÜBERSINNLICHES FÖRDERPOTENZIAL: Meisterung des Elements Feuer (Formen physischen Feuers durch Gedankenkraft)

UNSER LERNTHEMA IM NEUEN MONDZYKLUS: ....
....
....

Die Analogien für das Sternzeichen Löwe unterstützen die Ausbildung dieser Förderpotenziale, Fähigkeiten und Talente.

ELEMENT:	**Feuer** (loderndes Lagerfeuer, Glut)
WITTERUNGSQUALITÄT:	anhaltende **Wärme**
FARBEN:	Orange, Gold, Gelb, Rosa, Smaragdgrün
KRISTALLE:	Honigjade, Tigerauge, Rubin, Dioptas
MAGISCHE LERNORTE:	sonnige Orte, Wüste, Bühne, Tanzfläche, Orte für Spiel und Spaß
MATERIALIEN:	Bälle, laute Instrumente wie Trommeln und Trompeten, Spaßspiele, Sinnesspiele, alle Kinderspielzeuge, Stroh, Pyramide
TIERE:	Löwe, Tiger, Katzen
GESUNDE ERNÄHRUNG:	hochwertiges **Eiweiß** aus Nüssen, Kernen und Hülsenfrüchten wie Artischocken, Avocado, Bohnen, Erbsen, Linsen, Soja
	Gewürze: Curry, Honig, Lorbeer, Rosmarin, Safran, Zimt, Zitrusschalen
	Obst: sonnengereiftes Obst und Südfrüchte wie Beeren, Jakobiäpfel, Kumquat, (Honig-/Guadalupe-)Melonen, Mirabellen, Orangen, Quitten, Zitronen
	Gemüse: Auberginen, Gurken, Kürbis, Mais, Oliven, Paprika, Peperoni, Tomaten
PFLANZENTEIL:	**Frucht**
PLANET:	**Sonne**

AUGUST

Woche 32

Frage der Woche:
Wie kannst du Schwingungen harmonisieren in deinem Leben?

. . . .
. . . .
. . . .
. . . .
. . . .

4 Montag
♐ Feuer | veränderlich | Wärme | Frucht | Oberschenkel | Eiweiß

. . . .
. . . .
. . . .
. . . .
. . . .

5 Dienstag
♐ Feuer | veränderlich | Wärme | Frucht | Oberschenkel | Eiweiß

. . . .
. . . .
. . . .
. . . .
. . . .

6 Mittwoch
♑ Erde | kardinal | Kälte | Wurzel | Knochen, Knie, Haut | Salz

. . . .
. . . .
. . . .
. . . .
. . . .

7 Donnerstag

Erde | kardinal | Kälte | Wurzel | Knochen, Knie, Haut | Salz

8 Freitag

Erde | kardinal | Kälte | Wurzel | Knochen, Knie, Haut | Salz

9 Samstag

Luft | fix | Licht | Blüte | Venen, Unterschenkel | Fett

Vollmond 09:55

Stelle dir – gleich morgens – die »Welt von morgen« vor … eine Welt des Friedens und des Lichts. Lege heute einen Fluorit ins Vollmondlicht und trage ihn dann bei dir – dieser Stein bringt die Energie in deinem Körper und deinen Gedanken zum Fließen. Sicherlich kommen dir heute dadurch ein paar gute neue Ideen – eventuell bei einem Treffen mit Gleichgesinnten?

10 Sonntag

Luft | fix | Licht | Blüte | Venen, Unterschenkel | Fett

…
AUGUST

Woche 33

Frage der Woche:
Was kann geerntet und genossen werden?

....
....
....
....
....

11 Montag — ♓ — Wasser | veränderlich | Feuchte | Blatt | Füße, Aura | Kohlenhydrate

....
....
....
....
....

12 Dienstag — ♓ — Wasser | veränderlich | Feuchte | Blatt | Füße, Aura | Kohlenhydrate
☿ wieder direktläufig

....
....
....
....
....

13 Mittwoch — ♈ — Feuer | kardinal | Wärme | Frucht | Kopf, Augen | Eiweiß

....
....
....
....
....

14 Donnerstag

Feuer | kardinal | Wärme | Frucht | Kopf, Augen | Eiweiß

15 Freitag
Mariä Himmelfahrt

Erde | fix | Kälte | Wurzel | Kiefer, Hals | Salz

16 Samstag

Erde | fix | Kälte | Wurzel | Kiefer, Hals | Salz

abnehmender Halbmond
Rolle einen weichen Hügel hinunter oder mache Purzelbäume im Gras. Das schenkt ein harmonisches Körpergefühl! Lege dich dann auf die Wiese und spüre, wie die Erde dich trägt.

17 Sonntag

Luft | veränderlich | Licht | Blüte | Schultern, Arme, Hände | Fett

AUGUST

Woche 34

Frage der Woche:
Wofür bist du diesen Sommer dankbar?

....
....
....
....
....
....

---

18 Montag ☽ ♊ Luft | veränderlich | Licht | Blüte | Schultern, Arme, Hände | Fett

....
....
....
....
....
....

---

19 Dienstag ☽ ♋ Wasser | kardinal | Feuchte | Blatt | Brust, Magen, Lunge | Kohlenhydrate

....
....
....
....
....
....

---

20 Mittwoch ☽ ♋ Wasser | kardinal | Feuchte | Blatt | Brust, Magen, Lunge | Kohlenhydrate

....
....
....
....
....
....

21 Donnerstag

♌ Feuer | fix | Wärme | Frucht | Herz, Zwerchfell, Kreislauf | Eiweiß

22 Freitag

♌ Feuer | fix | Wärme | Frucht | Herz, Zwerchfell, Kreislauf | Eiweiß

23 Samstag

♍ Erde | veränderlich | Kälte | Wurzel | Bauch, Verdauungsorgane | Salz

Neumond 08:06
Gehe in die Natur oder in den Garten. Fühle dich selbst verwurzelt und verbunden mit der Erde. Schneide dir ein paar Heilkräuter und nimm wahr, wie ihre Kräfte Ordnung in deinem System erschaffen und dein Energiefeld reinigen.

24 Sonntag

♍ Erde | veränderlich | Kälte | Wurzel | Bauch, Verdauungsorgane | Salz

AUGUST

Woche 35

Frage der Woche:
Auf welche Ziele fokussierst du dich?

---

25 Montag ♍ Erde | veränderlich | Kälte | Wurzel | Bauch, Verdauungsorgane | Salz

---

26 Dienstag ♎ Luft | kardinal | Licht | Blüte | Hüften, Nieren | Fett

---

27 Mittwoch ♎ Luft | kardinal | Licht | Blüte | Hüften, Nieren | Fett

28 Donnerstag ☽ ♎ Luft | kardinal | Licht | Blüte | Hüften, Nieren | Fett 🌙

29 Freitag ☽ ♏ Wasser | fix | Feuchte | Blatt | Geschlechtsorgane | Kohlenhydrate 🌙

30 Samstag ☽ ♏ Wasser | fix | Feuchte | Blatt | Geschlechtsorgane | Kohlenhydrate 🌙

31 Sonntag ☽ ♐ Feuer | veränderlich | Wärme | Frucht | Oberschenkel | Eiweiß 🌙

zunehmender Halbmond

Mache heute eine Wandertour – gönne dir zwischendrin Pausen. Oberschenkel und Fokus lassen sich durch Yogaübungen mit Affirmationen (heute auf Englisch) gezielt kräftigen: Krieger 1 – I AM, Krieger 2 – I WILL, Krieger 3 – I CAN.

September

NEUMOND IN DER JUNGFRAU

Das Schönste, was man an diesem Tag wohl tun kann, ist, sich Mutter Erde, dem Garten und der Gesundheit zuzuwenden.

LICHTVOLLE IMPULSE FÜR DICH UND DEIN KIND AN JUNGFRAUTAGEN:

Für dein Baby: Gönne deinem Baby eine leichte Bauchmassage.

Für dein Kleinkind: Baue eine Sandburg und verziere sie mit Naturmaterialien.

Für dein älteres Kind: Räume deinen Lieblingsort auf und sortiere etwas!

Für dein inneres Kind: Lege einen Gartentag ein und säe etwas!

BASTELPROJEKT DES MONATS: MEDIZINBEUTEL

Du brauchst: Steinchen, Lavendelöl, getrocknete Körner und Kräuter, Stoffbeutelchen

Anleitung: Nimm dir etwas Zeit. Träufle etwas Lavendelöl auf den Beutel. Nun fülle langsam nacheinander einzeln die Steinchen, Körner und Kräuter in den Beutel – erfasse, erblicke und analysiere jeden einzelnen Gegenstand. Binde das Ganze sorgfältig zu!

KÖRPERLICHE HARMONISIERUNG: Blutkreislauf, Bauch, innere Organe wie Dünndarm, Milz, Verdauungsorgane, Zwerchfell; Ernährungsoptimierung, Körperpflege

SEELISCHE HÜLLENPFLEGE: Zuverlässigkeit, Sammlung, Sicherheit, Fleiß, Erdverbundenheit

GEISTIGES BILDUNGSZIEL: Gesundheitsbewusstsein, Realitätssinn, Geduld, Vernunft, Detailblick, Sorgfalt, Genauigkeit, Ordnung, Pflichtbewusstsein, Umwelterhalt

ÜBERSINNLICHES FÖRDERPOTENZIAL: Langlebigkeit und körperliche Reinheit durch Zugang zur »Quelle der ewigen Jugend«

UNSER LERNTHEMA IM NEUEN MONDZYKLUS: ....
....
....

Die Analogien für das Sternzeichen Jungfrau unterstützen die Ausbildung dieser Förderpotenziale, Fähigkeiten und Talente.

ELEMENT:	**Erde** (Sand, bewegte Erde)
WITTERUNGSQUALITÄT:	veränderliche **Kälte**
FARBEN:	Beige, Bernsteingelb, Braun, Gelb, Hellbraun, Mausgrau
KRISTALLE:	Serpentin, Fossil, Bernstein, Landschaftsjaspis
MAGISCHE LERNORTE:	Natur, erdige Plätze, Strand, Sand, Garten, Wald, Labor, wohlstrukturierte, gefliese Orte, Haushalt
MATERIALIEN:	Dimensionsmaterial, Gartenwerkzeuge, Puzzles, Sandspielzeug, kleine Sachen, Präzisionsspiele, Logikspiele, Strukturspiele, Nadel und Faden, Hexaeder
TIERE:	Bulle, Kuh, Stier, Taube
GESUNDE ERNÄHRUNG:	hochwertiges **Salz** wie Himalaya-Salz; Vollkornprodukte, Getreide
	Gewürze: Anis, Dill, Fenchel, Honig, Knoblauch, Kümmel, Leinsamen, Schnittlauch
	Obst: altes Obst wie Äpfel, Brombeeren, Holunder, Mirabellen, Pflaumen, Zwetschgen
	Gemüse: Wurzelgemüse wie Knoblauch, Kartoffeln, Lauch, Möhren, Radieschen, Rettich, Rote Bete, Schwarzwurzel, Zuckerrüben, Zwiebeln; Fenchel, Sellerie
PFLANZENTEIL:	**Wurzel**
PLANET:	**Chiron,** Nachtseite des **Merkur**

SEPTEMBER

Woche 36

Frage der Woche:

Welche Gefühle steigen in diesen Tagen in dir auf und wie kannst du die Wogen auf harmonische Weise glätten?

....
....
....
....

---

1 Montag ♐ Feuer | veränderlich | Wärme | Frucht | Oberschenkel | Eiweiß

....
....
....
....
....

---

2 Dienstag ♐ Feuer | veränderlich | Wärme | Frucht | Oberschenkel | Eiweiß

....
....
....
....
....

---

3 Mittwoch ♑ Erde | kardinal | Kälte | Wurzel | Knochen, Knie, Haut | Salz

....
....
....
....
....

4 Donnerstag

♑ Erde | kardinal | Kälte | Wurzel | Knochen, Knie, Haut | Salz

5 Freitag

♒ Luft | fix | Licht | Blüte | Venen, Unterschenkel | Fett

6 Samstag

♒ Luft | fix | Licht | Blüte | Venen, Unterschenkel | Fett

7 Sonntag

♓ Wasser | veränderlich | Feuchte | Blatt | Füße, Aura | Kohlenhydrate

Vollmond 20:08 (totale Mondfinsternis 20:11)

Nimm einen Amethystkristall in die Hand und programmiere ihn mit dem Wort »Auracleanse«. Streiche deine Aura aus, indem du ihn sanft in gleichmäßigen Linien oder sanften Wellen von oben nach unten etwa zehn Zentimeter von deinem Körper entfernt bewegst. Dann nimm ein Bad mit Salz aus dem Toten Meer. Gehe danach möglichst früh ins Bett – fühle dich am nächsten Tag wie neugeboren!

SEPTEMBER

Woche 37

Frage der Woche:

Wovon möchtest du dein Lichtfeld reinigen?

....
....
....
....
....

---

8 Montag ♓ Wasser | veränderlich | Feuchte | Blatt | Füße, Aura | Kohlenhydrate

---

9 Dienstag ♈ Feuer | kardinal | Wärme | Frucht | Kopf, Augen | Eiweiß

---

10 Mittwoch ♈ Feuer | kardinal | Wärme | Frucht | Kopf, Augen | Eiweiß

11 Donnerstag — Erde | fix | Kälte | Wurzel | Kiefer, Hals | Salz

12 Freitag — Erde | fix | Kälte | Wurzel | Kiefer, Hals | Salz

13 Samstag — Luft | veränderlich | Licht | Blüte | Schultern, Arme, Hände | Fett

14 Sonntag — Luft | veränderlich | Licht | Blüte | Schultern, Arme, Hände | Fett

abnehmender Halbmond
Singe deine Lieblingslieder!

SEPTEMBER

Woche 38

Frage der Woche:

In Bezug auf deine Ernährung, Rhythmen, Pflegeroutine und Angewohnheiten – was tut dir wirklich sehr gut?

....
....
....
....

---

15 Montag   ☽ ♊   Luft | veränderlich | Licht | Blüte | Schultern, Arme, Hände | Fett

---

16 Dienstag   ☽ ♋   Wasser | kardinal | Feuchte | Blatt | Brust, Magen, Lunge | Kohlenhydrate

---

17 Mittwoch   ☽ ♋   Wasser | kardinal | Feuchte | Blatt | Brust, Magen, Lunge | Kohlenhydrate

18 Donnerstag

☾ ♌ Feuer | fix | Wärme | Frucht | Herz, Zwerchfell, Kreislauf | Eiweiß

19 Freitag

☾ ♌ Feuer | fix | Wärme | Frucht | Herz, Zwerchfell, Kreislauf | Eiweiß

20 Samstag

☾ ♍ Erde | veränderlich | Kälte | Wurzel | Bauch, Verdauungsorgane | Salz

21 Sonntag
Mabon

○ ♍ Erde | veränderlich | Kälte | Wurzel | Bauch, Verdauungsorgane | Salz

Neumond 20:54 (partielle Sonnenfinsternis 21:41)

Heute ist **Herbst-Tag-und-Nacht-Gleiche**: Die Samenkörner hängen reif an der Ähre. Gestalte dir einen Erntedankaltar, auf dem du ein Mandala legst: in die Mitte einen Samen, dann Früchte, als Nächstes Wurzeln, dann Blüten, dann Blätter und am Rand wieder Samen.

SEPTEMBER

Woche 39

Frage der Woche:
Wie kannst du Balance, Wahrhaftigkeit und Gerechtigkeit in deinem Leben mehren?

. . . .
. . . .
. . . .
. . . .
. . . .

---

22 Montag
Herbstanfang

Luft | kardinal | Licht | Blüte | Hüften, Nieren | Fett

Sprich an den drei Waagetagen diese Woche die folgende Affirmation, während du deinen Blick auf eine schöne Blüte richtest: »Ich lebe in Gleichgewicht und Harmonie.«

---

23 Dienstag

Luft | kardinal | Licht | Blüte | Hüften, Nieren | Fett

---

24 Mittwoch

Luft | kardinal | Licht | Blüte | Hüften, Nieren | Fett

25 Donnerstag ☽ ♏ Wasser | fix | Feuchte | Blatt | Geschlechtsorgane | Kohlenhydrate ☾

26 Freitag ☽ ♏ Wasser | fix | Feuchte | Blatt | Geschlechtsorgane | Kohlenhydrate ☾

27 Samstag ☽ ♐ Feuer | veränderlich | Wärme | Frucht | Oberschenkel | Eiweiß ☾

28 Sonntag ☽ ♐ Feuer | veränderlich | Wärme | Frucht | Oberschenkel | Eiweiß ☾

Oktober

NEUMOND IN DER WAAGE

Das Schönste, was man an diesem Tag wohl tun kann, ist, sich dem Element Luft und der sphärischen Welt der Klänge und sanften Farben zuzuwenden..

LICHTVOLLE IMPULSE FÜR DICH UND DEIN KIND AN WAAGETAGEN:

Für dein Baby: Gymnastik mit Überkreuzbewegungen bringt beide Gehirnhälften ins Gleichgewicht.

Für dein Kleinkind: Balanciere!

Für dein älteres Kind: Bastle etwas Schönes!

Für dein inneres Kind: Gehe spazieren bei Sonnenuntergang und lasse perlmuttfarbenes Himmelslicht in deine Aura einfließen.

BASTELPROJEKT DES MONATS: KALEIDOSKOP

Du brauchst: Kaleidoskop-Bausatz

Anleitung: Das Wort »Kaleidoskop« stammt aus dem Altgriechischen und bedeutet »schöne Formen ansehen«. Wenn Licht auf die bunten kleinen Gegenstände in der Röhre fällt, wird es von den Spiegeln reflektiert und gleichmäßige Muster entstehen – immer wieder bilden sich neue ästhetische Formen.

KÖRPERLICHE HARMONISIERUNG: Drüsen, Faszien, Blase, Nieren, Hüften; Tanzen, Balance, Ausgleich der Gehirnhälften

SEELISCHE HÜLLENPFLEGE: Ausgeglichenheit, Akzeptanz, Nächstenliebe, Harmonie

GEISTIGES BILDUNGSZIEL: Beziehungssinn, Schönheitssinn, Entscheidungskraft, Diplomatie, musische Fähigkeiten, Fairness

ÜBERSINNLICHES FÖRDERPOTENZIAL: Wahrnehmung der Sphärenklänge

UNSER LERNTHEMA IM NEUEN MONDZYKLUS: ....
....
....

Die Analogien für das Sternzeichen Waage unterstützen die Ausbildung dieser Förderpotenziale, Fähigkeiten und Talente.

ELEMENT:	**Luft** (Sphären und Äther)
WITTERUNGSQUALITÄT:	inspiratives, tonangebendes **Licht**
FARBEN:	Orange, Hellrosa, Perlmutt, Pastellgrün
KRISTALLE:	Jade, Nephrit, Opal, Turmalinquarz
MAGISCHE LERNORTE:	wunderschöne, märchenhafte Orte, Wiese, Muschelstrand, Orte für Zweisamkeit
MATERIALIEN:	Bastelsets, Künstlerbedarf, Märchenwolle, Streichinstrumente, Triangel, Nähmaterial wie Stoffe, leichte Tücher, Oktaeder
TIERE:	Hermelin, Pfau, Reh
GESUNDE ERNÄHRUNG:	hochwertige **Fette** aus Nüssen wie Haselnuss, Sonnenblumenkerne, Kokosöl, Leinöl, Rapsöl
	Gewürze: Rosenblüten, Tonkabohnen, Vanille; essbare Blüten wie Holunder
	Obst: symmetrisches, ästhetisches Obst wie Papaya, Hagebutten, Physalis, Sternfrucht; Kernobst wie Pflaumen, Zwetschgen, Mirabellen
	Gemüse: Artischocken, Blumenkohl, Brokkoli
PFLANZENTEIL:	**Blüte**
PLANET:	**Isis, Venus** als Abendstern

SEPTEMBER | OKTOBER

Woche 40

Frage der Woche:
Woran möchtest du weiterhin arbeiten und was möchtest du aufbauen?

. . . .

. . . .

. . . .

. . . .

. . . .

---

29 Montag — Feuer | veränderlich | Wärme | Frucht | Oberschenkel | Eiweiß

30 Dienstag — Erde | kardinal | Kälte | Wurzel | Knochen, Knie, Haut | Salz

zunehmender Halbmond
Nimm heute ein Kristallbad mit Stein- oder Basensalz. Wenn du magst, füge ein paar Bergkristalle hinzu. Der Körper nimmt bei zunehmendem Mond Mineralien und Spurenelemente auch über das Wasser auf.

1 Mittwoch — Erde | kardinal | Kälte | Wurzel | Knochen, Knie, Haut | Salz

2 Donnerstag

Luft | fix | Licht | Blüte | Venen, Unterschenkel | Fett

3 Freitag
Tag der Deutschen Einheit

Luft | fix | Licht | Blüte | Venen, Unterschenkel | Fett

4 Samstag

Luft | fix | Licht | Blüte | Venen, Unterschenkel | Fett

5 Sonntag
Erntedankfest

Wasser | veränderlich | Feuchte | Blatt | Füße, Aura | Kohlenhydrate

OKTOBER

Woche 41

Frage der Woche:
Was hat in diesem Jahr Früchte getragen und was hat seinen Höhepunkt erreicht?

....
....
....
....
....

---

6 Montag ♓ Wasser | veränderlich | Feuchte | Blatt | Füße, Aura | Kohlenhydrate

---

7 Dienstag ♈ Feuer | kardinal | Wärme | Frucht | Kopf, Augen | Eiweiß

Vollmond 05:47
Gehe in die Natur und pflücke dir ein paar Hagebutten. Du kannst dir vielleicht schon das Mus ausdrücken, einen Tee daraus kochen oder dir ein paar Früchte unter das Kopfkissen legen.

---

8 Mittwoch ♈ Feuer | kardinal | Wärme | Frucht | Kopf, Augen | Eiweiß

9 Donnerstag

Erde | fix | Kälte | Wurzel | Kiefer, Hals | Salz

10 Freitag

Erde | fix | Kälte | Wurzel | Kiefer, Hals | Salz

11 Samstag

Luft | veränderlich | Licht | Blüte | Schultern, Arme, Hände | Fett

12 Sonntag

Luft | veränderlich | Licht | Blüte | Schultern, Arme, Hände | Fett

OKTOBER

Woche 42

Frage der Woche:
Von welchen Gefühlen möchtest du dich verabschieden bis Neumond?

. . . .
. . . .
. . . .
. . . .
. . . .

---

13 Montag — Wasser | kardinal | Feuchte | Blatt | Brust, Magen, Lunge | Kohlenhydrate

abnehmender Halbmond
Trage heute eine Muschel bei dir, fühle ... und reflektiere abends, was das mit dir gemacht hat. Welche traumhaften Bilder sind heute in dir aus deinem Unterbewusstsein aufgetaucht?

---

14 Dienstag — Wasser | kardinal | Feuchte | Blatt | Brust, Magen, Lunge | Kohlenhydrate

---

15 Mittwoch — Feuer | fix | Wärme | Frucht | Herz, Zwerchfell, Kreislauf | Eiweiß

16 Donnerstag ♌

Feuer | fix | Wärme | Frucht | Herz, Zwerchfell, Kreislauf | Eiweiß

17 Freitag ♍

Erde | veränderlich | Kälte | Wurzel | Bauch, Verdauungsorgane | Salz

18 Samstag ♍

Erde | veränderlich | Kälte | Wurzel | Bauch, Verdauungsorgane | Salz

19 Sonntag ♍

Erde | veränderlich | Kälte | Wurzel | Bauch, Verdauungsorgane | Salz

OKTOBER

Woche 43

Frage der Woche:
Wie kannst du deine Tage harmonisch gestalten im neuen Mondzyklus?

---

20 Montag (♎ Luft | kardinal | Licht | Blüte | Hüften, Nieren | Fett

---

21 Dienstag ○ ♎ Luft | kardinal | Licht | Blüte | Hüften, Nieren | Fett

Neumond 14:25
Verbringe heute Zeit in harmonischer Atmosphäre – begib dich an einen schönen Ort mit jemandem, den du gerne magst.

---

22 Mittwoch) ♏ Wasser | fix | Feuchte | Blatt | Geschlechtsorgane | Kohlenhydrate

23 Donnerstag) ♏ Wasser | fix | Feuchte | Blatt | Geschlechtsorgane | Kohlenhydrate

24 Freitag) ♏ Wasser | fix | Feuchte | Blatt | Geschlechtsorgane | Kohlenhydrate

25 Samstag) ♐ Feuer | veränderlich | Wärme | Frucht | Oberschenkel | Eiweiß

26 Sonntag
Ende der Sommerzeit
) ♐ Feuer | veränderlich | Wärme | Frucht | Oberschenkel | Eiweiß

OKTOBER | NOVEMBER

Woche 44

Frage der Woche:

Mit welchen Mineralien kannst du deinen Körper stärken, um gut über den Winter zu kommen?

....
....
....
....

---

27 Montag ♑ Erde | kardinal | Kälte | Wurzel | Knochen, Knie, Haut | Salz

---

28 Dienstag ♑ Erde | kardinal | Kälte | Wurzel | Knochen, Knie, Haut | Salz

---

29 Mittwoch ♑ Erde | kardinal | Kälte | Wurzel | Knochen, Knie, Haut | Salz

---

zunehmender Halbmond

Lasse aus dem Fluss des Atems heraus laut abwechselnd die Töne »m« und »n« entstehen – es bildet sich ein langer, fließender Klang, dies stärkt den gesamten Knochenapparat.

30 Donnerstag
Luft | fix | Licht | Blüte | Venen, Unterschenkel | Fett

31 Freitag
Reformationstag

Luft | fix | Licht | Blüte | Venen, Unterschenkel | Fett

1 Samstag
Allerheiligen
Samhain

Wasser | veränderlich | Feuchte | Blatt | Füße, Aura | Kohlenhydrate

2 Sonntag
Allerseelen

Wasser | veränderlich | Feuchte | Blatt | Füße, Aura | Kohlenhydrate

November

NEUMOND IM SKORPION

Das Schönste, was man an diesem Tag wohl tun kann, ist, sich dem Element Wasser und der Magie zuzuwenden.

LICHTVOLLE IMPULSE FÜR DICH UND DEIN KIND AN SKORPIONTAGEN:

Für dein Baby: Lasse es mit dunklen Kissen, Tüchern und Decken spielen.

Für dein Kleinkind: Baue dir eine Höhle mit Geheimversteck!

Für dein älteres Kind: Erforsche dein Lieblingsthema in der Tiefe!

Für dein inneres Kind: Sammle Heilkräuter!

BASTELPROJEKT DES MONATS: MAGISCHES ZAUBERBILD

Du brauchst: Kerzenwachs, Wasserfarben, Blatt

Anleitung: Male auf das Papier mit Wachs magische Symbole, die dir ganz spontan einfallen. Dann bemale das Blatt ganz mit dunkelblauen oder lila Wasserfarben – in der Dunkelheit erscheinen lichtvolle Zeichen!

KÖRPERLICHE HARMONISIERUNG: Nerven; Sexualorgane, Steißbein, Unterbauch, Beckenboden; Antiaggressionstraining

SEELISCHE HÜLLENPFLEGE: Gefühlstiefe, Charisma, Selbstkontrolle, Umgang mit Leidenschaft

GEISTIGES BILDUNGSZIEL: Wahrheitssinn, durchdringender Verstand, Polarisation der Aufmerksamkeit, Selbstermächtigung, Tiefenpsychologie, Erforschen und Ergründen, Magiekenntnisse, verantwortungsvoller Umgang mit Macht

ÜBERSINNLICHES FÖRDERPOTENZIAL: Kennenlernen von Krafttieren

UNSER LERNTHEMA IM NEUEN MONDZYKLUS: . . . .

. . . .

. . . .

Die Analogien für das Sternzeichen Skorpion unterstützen die Ausbildung dieser Förderpotenziale, Fähigkeiten und Talente.

ELEMENT: **Wasser** (Meerestiefe, Sumpf, Moor)

WITTERUNGSQUALITÄT: fixe, beständige **Feuchte**

FARBEN: Blaugrün, Dunkelviolett, Tiefblau, Giftgrün, Purpur, Türkis

KRISTALLE: Obsidian, Hämatit, Biotit, Charoit

MAGISCHE LERNORTE: Quellen, Ebbe/Flut, Meer, Lagerfeuer, Wald, Höhle, Schreibtisch, Forschungsraum

MATERIALIEN: Zauberstab, Ausgrabungsset, Magnete, Zaubergegenstände, Forscherbücher zum Thema Archäologie/Tiefsee, Boxsack, magische Instrumente, Ikosaeder

TIERE: Drachen, weißer Adler, Insekten, Schlange, Schmetterling, Skorpion

GESUNDE ERNÄHRUNG: hochwertige **Kohlenhydrate** aus Kartoffeln und Vollkornprodukten, Reis

Gewürze: Chili, Zimt; Heilkräuter wie Basilikum, Petersilie

Obst: orientalische, intensive Früchte wie Bananen, Drachenfrucht, Granatapfel, Litschi, Physalis, Schlehen

Gemüse: Blattgemüse wie Endivie, Mangold, Salate, Spinat, Rapunzel, Rucola; Kohlarten wie China-, Grün- oder Rosenkohl; Auberginen, Pilze, Porree, Rhabarber

PFLANZENTEIL: **Blatt**

PLANET: **Pluto**, Nachtseite des **Mars**

NOVEMBER

Woche 45

Frage der Woche:
Wofür bist du dankbar?

---

3 Montag — Feuer | kardinal | Wärme | Frucht | Kopf, Augen | Eiweiß

---

4 Dienstag — Feuer | kardinal | Wärme | Frucht | Kopf, Augen | Eiweiß

---

5 Mittwoch — Erde | fix | Kälte | Wurzel | Kiefer, Hals | Salz

---

Vollmond 14:19

In alten Zeiten nannte man diesen Mond »Frostmond«. Gehe raus und nimm das Vollmondlicht wahr – es ist der magischste Vollmond des Jahres! Denke dabei an alles, was du Schönes hast – sei dankbar für deinen Wohlstand. Das mystische Mondlicht beleuchtet dein Zimmer und segnet all deine Sachen.

6 Donnerstag

Erde | fix | Kälte | Wurzel | Kiefer, Hals | Salz

7 Freitag

Luft | veränderlich | Licht | Blüte | Schultern, Arme, Hände | Fett

8 Samstag

Luft | veränderlich | Licht | Blüte | Schultern, Arme, Hände | Fett

9 Sonntag
☿ᴿ *bis 29.11.*

Wasser | kardinal | Feuchte | Blatt | Brust, Magen, Lunge | Kohlenhydrate

NOVEMBER

Woche 46

Frage der Woche:
Was bedarf des Loslassens, damit dein Herz sich frei und leicht anfühlt?

. . . .

. . . .

. . . .

. . . .

. . . .

---

10 Montag

Wasser | kardinal | Feuchte | Blatt | Brust, Magen, Lunge | Kohlenhydrate

---

11 Dienstag
Martinstag

Feuer | fix | Wärme | Frucht | Herz, Zwerchfell, Kreislauf | Eiweiß

---

12 Mittwoch

Feuer | fix | Wärme | Frucht | Herz, Zwerchfell, Kreislauf | Eiweiß

---

abnehmender Halbmond

Etwa zehn Zentimeter über deinem Herzen auf der linken Körperseite befindet sich ein besonders »heiliger Punkt«, der ein wunderbares Wohlbefinden bringt. Massiere diesen Punkt mit sanften oder festen Kreisen. Das setzt deine Herzensenergie frei!

13 Donnerstag

♌ Feuer | fix | Wärme | Frucht | Herz, Zwerchfell, Kreislauf | Eiweiß

14 Freitag

♍ Erde | veränderlich | Kälte | Wurzel | Bauch, Verdauungsorgane | Salz

15 Samstag

♍ Erde | veränderlich | Kälte | Wurzel | Bauch, Verdauungsorgane | Salz

16 Sonntag
Volkstrauertag

♎ Luft | kardinal | Licht | Blüte | Hüften, Nieren | Fett

NOVEMBER

Woche 47

Frage der Woche:
Was ist deine positive Intention im neuen Mondzyklus und welche »Zauberworte« helfen dir dabei, sie zu manifestieren?

. . . .
. . . .
. . . .
. . . .

---

17 Montag (♎ Luft | kardinal | Licht | Blüte | Hüften, Nieren | Fett

---

18 Dienstag (♏ Wasser | fix | Feuchte | Blatt | Geschlechtsorgane | Kohlenhydrate

---

19 Mittwoch (♏ Wasser | fix | Feuchte | Blatt | Geschlechtsorgane | Kohlenhydrate
Buß- und Bettag

20 Donnerstag ♏ Wasser | fix | Feuchte | Blatt | Geschlechtsorgane | Kohlenhydrate

Neumond 07:47

Es beginnt die dunkelste Zeit des Jahres. Ein erhellendes Ritual könnte sein, jeden Abend ein Teelicht ans Fenster zu stellen und täglich eine Karte aus einem Orakelset für Kinder zu ziehen – oder eine »zufällige« Seite aus deinem Lieblingsbuch aufzuschlagen!

21 Freitag ♐ Feuer | veränderlich | Wärme | Frucht | Oberschenkel | Eiweiß

22 Samstag ♐ Feuer | veränderlich | Wärme | Frucht | Oberschenkel | Eiweiß

23 Sonntag ♑ Erde | kardinal | Kälte | Wurzel | Knochen, Knie, Haut | Salz
Totensonntag

NOVEMBER

Woche 48

Frage der Woche:
Wovon möchtest du deine Aura klären?

....
....
....
....
....
....

---

24 Montag ☽ ♑ Erde | kardinal | Kälte | Wurzel | Knochen, Knie, Haut | Salz

---

25 Dienstag ☽ ♑ Erde | kardinal | Kälte | Wurzel | Knochen, Knie, Haut | Salz

---

26 Mittwoch ☽ ♒ Luft | fix | Licht | Blüte | Venen, Unterschenkel | Fett

27 Donnerstag

Luft | fix | Licht | Blüte | Venen, Unterschenkel | Fett

28 Freitag

Wasser | veränderlich | Feuchte | Blatt | Füße, Aura | Kohlenhydrate

zunehmender Halbmond

Tauche ein in die Stille. Nimm ein Fußbad mit Lavendelöl und entspanne dich vollkommen. Visualisiere dabei eine Lichtdusche aus rosafarbenem Licht, die in deine Aura einfließt, sie klärt und reinigt.

29 Samstag

Wasser | veränderlich | Feuchte | Blatt | Füße, Aura | Kohlenhydrate

30 Sonntag
1. Advent
☿ *wieder direktläufig*

Wasser | veränderlich | Feuchte | Blatt | Füße, Aura | Kohlenhydrate

Dezember

NEUMOND IM SCHÜTZEN

Das Schönste, was man an diesem Tag wohl tun kann, ist, sich dem Element Feuer und der Horizonterweiterung – dem »höheren Licht« – zuzuwenden.

LICHTVOLLE IMPULSE FÜR DICH UND DEIN KIND AN SCHÜTZETAGEN:

Für dein Baby: Viel krabbeln, laufen lernen ... Die Möglichkeiten, um den Beinchen etwas Gutes zu tun, sind vielfältig – sei es durch Gymnastik, Yoga oder Massage für Babys!

Für dein Kleinkind: Erkunde einen neuen Ort – einen Abenteuerspielplatz?

Für dein älteres Kind: Der Blick in die Zukunft fällt heute leicht – was siehst du Positives mit deinen inneren Augen?

Für dein inneres Kind: Bilde dich – immer höher und weiter!

BASTELPROJEKT DES MONATS: KRIPPE

Du brauchst: Krippenfiguren und -zubehör

Anleitung: Baue eine schöne Krippe auf – lasse dir dazu ein paar Tage Zeit. Jeden Tag fügst du ein paar Figuren und Gegenstände hinzu ... Erfreue dich an dem Licht, das dadurch mehr und mehr wird und am Ende das Ganze erstrahlen lässt. Was ist der wahre weihnachtliche Sinn?

KÖRPERLICHE HARMONISIERUNG: Sinnesorgane; Oberschenkel, Po, Venen, Ischiasnerv; Agilität, Geschwindigkeit, Zielsicherheit, physischer Bewegungsspielraum

SEELISCHE HÜLLENPFLEGE: Begeisterungsfähigkeit, Lernfreude, Optimismus, Offenheit, Glücksgefühl

GEISTIGES BILDUNGSZIEL: Aufrichtigkeit, Toleranz, Philosophie, Schnelligkeit, Weisheit, Vergrößerung des Wortschatzes, Sinnerkenntnis, höhere Bildung, Recht, Moral, Zielklarheit, Horizonterweiterung

ÜBERSINNLICHES FÖRDERPOTENZIAL: astrale Projektion (d. h. Fähigkeit, durch Raum und Zeit zu reisen kraft der Geschwindigkeit der Gedanken)

UNSER LERNTHEMA IM NEUEN MONDZYKLUS: ....

....

....

Die Analogien für das Sternzeichen Schütze unterstützen die Ausbildung dieser Förderpotenziale, Fähigkeiten und Talente.

ELEMENT:	**Feuer** (Fackel, Laterne, »Licht von oben«)
WITTERUNGSQUALITÄT:	veränderliche **Wärme**
FARBEN:	Hellblau, Violett, Königsblau
KRISTALLE:	Amazonit, Türkis, Sodalith, Saphir
MAGISCHE LERNORTE:	Schule, Klassenzimmer, Bibliothek, Platz mit Ausblick, Schießplatz
MATERIALIEN:	Pfeil und Bogen, Angel, Spaßspiele, Fruchtsamen, Trampolin, Bälle, Spaßspiele, Pyramide
TIERE:	große Tiere wie Giraffe, Nashorn, Elefant, Hirsch, Pferde
GESUNDE ERNÄHRUNG:	hochwertige **Eiweiße** aus Avocado, Nüssen und Hülsenfrüchten wie Bohnen, Erbsen, Linsen, Sojabohnen
	Gewürze: Curry, exotische, weihnachtliche Gewürze wie Ingwer, Kardamom, Nelken, Tonkabohnen, Sternanis, Vanille
	Obst: exotische, große, saftige und üppige Früchte wie Ananas, Beeren, Datteln, Feigen, Mango, Honigmelonen, Papaya
	Gemüse: fruchttragendes Gemüse wie Auberginen, Chili, Gurken, Kürbis, Mais, Oliven, Paprika, Tomaten, Zucchini
PFLANZENTEIL:	**Frucht**
PLANET:	Tagseite von **Jupiter**

DEZEMBER

Woche 49

Frage der Woche:
Mit wem möchtest du dich in diesen Tagen am liebsten treffen und kommunizieren?

---

1 Montag ♈ Feuer | kardinal | Wärme | Frucht | Kopf, Augen | Eiweiß

2 Dienstag ♈ Feuer | kardinal | Wärme | Frucht | Kopf, Augen | Eiweiß

3 Mittwoch ♉ Erde | fix | Kälte | Wurzel | Kiefer, Hals | Salz

4 Donnerstag

Erde | fix | Kälte | Wurzel | Kiefer, Hals | Salz

5 Freitag

Luft | veränderlich | Licht | Blüte | Schultern, Arme, Hände | Fett

Vollmond 00:14
Bastle und schreibe Weihnachtskarten. Geh am nächsten Tag zum Briefkasten und schicke sie ab!

6 Samstag
Nikolaus

Luft | veränderlich | Licht | Blüte | Schultern, Arme, Hände | Fett

7 Sonntag
2. Advent

Wasser | kardinal | Feuchte | Blatt | Brust, Magen, Lunge | Kohlenhydrate

DEZEMBER

Woche 50

Frage der Woche:
Was möchtest du noch im alten Jahr bereinigen, aufräumen und zu Ende bringen?

....
....
....
....
....

---

8 Montag ♋ Wasser | kardinal | Feuchte | Blatt | Brust, Magen, Lunge | Kohlenhydrate

---

9 Dienstag ♌ Feuer | fix | Wärme | Frucht | Herz, Zwerchfell, Kreislauf | Eiweiß

---

10 Mittwoch ♌ Feuer | fix | Wärme | Frucht | Herz, Zwerchfell, Kreislauf | Eiweiß

11 Donnerstag

♍ Erde | veränderlich | Kälte | Wurzel | Bauch, Verdauungsorgane | Salz

abnehmender Halbmond

Gönne dir eine Fußreflexzonenmassage: In der Mitte der Sohle, etwa drei Zentimeter unter dem Fußballen liegt eine Einbuchtung – drücke sie sanft oder kreise im Uhrzeigersinn. Das harmonisiert deinen Solarplexus, bringt tiefe Entspannung für dich und die Mitte deines Körpers.

12 Freitag

♍ Erde | veränderlich | Kälte | Wurzel | Bauch, Verdauungsorgane | Salz

13 Samstag

♎ Luft | kardinal | Licht | Blüte | Hüften, Nieren | Fett

14 Sonntag
3. Advent

♎ Luft | kardinal | Licht | Blüte | Hüften, Nieren | Fett

DEZEMBER

Woche 51

Frage der Woche:
Welche Visionen und Ziele tauchen bereits jetzt für das künftige Jahr auf – was ist für dich der Sinn des Lebens?

....
....
....
....

---

15 Montag   ☾   ♎   Luft | kardinal | Licht | Blüte | Hüften, Nieren | Fett

....
....
....
....
....

---

16 Dienstag   ☾   ♏   Wasser | fix | Feuchte | Blatt | Geschlechtsorgane | Kohlenhydrate

....
....
....
....
....

---

17 Mittwoch   ☾   ♏   Wasser | fix | Feuchte | Blatt | Geschlechtsorgane | Kohlenhydrate

....
....
....
....
....

18 Donnerstag (♐ Feuer | veränderlich | Wärme | Frucht | Oberschenkel | Eiweiß

19 Freitag (♐ Feuer | veränderlich | Wärme | Frucht | Oberschenkel | Eiweiß

20 Samstag ○ ♐ Feuer | veränderlich | Wärme | Frucht | Oberschenkel | Eiweiß

Neumond 02:43
Schmücke dir ein kleines Tannenbäumchen im Topf mit bunten Kugeln – sprich in jede Kugel ein positives Wort oder einen Wunsch für deine Zukunft: GLÜCK, LIEBE, FREIHEIT, GESUNDHEIT, ENGELSLICHT, WAHRHEIT, EINE REISE NACH ...

21 Sonntag) ♑ Erde | kardinal | Kälte | Wurzel | Knochen, Knie, Haut | Salz
4. Advent
Winteranfang
Yule

DEZEMBER

Woche 52

Frage der Woche:
Welche inneren Bilder und Träume tauchen in dir auf in diesen Tagen?
Welche Träume hast du für das neue Jahr?

....
....
....
....

---

22 Montag   ♑ Erde | kardinal | Kälte | Wurzel |
Knochen, Knie, Haut | Salz

---

23 Dienstag   ♒ Luft | fix | Licht | Blüte | Venen, Unterschenkel | Fett
Beginn der Rauhnächte

---

24 Mittwoch   ♒ Luft | fix | Licht | Blüte | Venen, Unterschenkel | Fett
Heiligabend

25 Donnerstag
1. Weihnachtsfeiertag

Luft | fix | Licht | Blüte | Venen, Unterschenkel | Fett

26 Freitag
2. Weihnachtsfeiertag

Wasser | veränderlich | Feuchte | Blatt | Füße, Aura | Kohlenhydrate

27 Samstag

Wasser | veränderlich | Feuchte | Blatt | Füße, Aura | Kohlenhydrate

zunehmender Halbmond
Male hier deinen Traum:

28 Sonntag

Feuer | kardinal | Wärme | Frucht | Kopf, Augen | Eiweiß

DEZEMBER | JANUAR 2026

Woche 1

Frage der Woche:
Welche neuen Wege und Werte kristallisieren sich heraus für das kommende Jahr – in Liebe für dich und deine Lieben?

---

29 Montag ♈ Feuer | kardinal | Wärme | Frucht | Kopf, Augen | Eiweiß

---

30 Dienstag ♉ Erde | fix | Kälte | Wurzel | Kiefer, Hals | Salz

---

31 Mittwoch
Silvester ♉ Erde | fix | Kälte | Wurzel | Kiefer, Hals | Salz

1 Donnerstag
Neujahr

♊ Luft | veränderlich | Licht | Blüte | Schultern, Arme, Hände | Fett

2 Freitag

♊ Luft | veränderlich | Licht | Blüte | Schultern, Arme, Hände | Fett

3 Samstag

♋ Wasser | kardinal | Feuchte | Blatt | Brust, Magen, Lunge | Kohlenhydrate

Vollmond 11:05
Mache einen Mondscheinspaziergang. Zuvor stelle dir ein Glas Wasser und etwas Meersalz ins Vollmondlicht, welches du, sobald du wieder nach Hause kommst, gleich deinem Badewasser zufügst. Als Alternative kannst du es trinken und mit dem Salz ein Körperpeeling machen.

4 Sonntag

♋ Wasser | kardinal | Feuchte | Blatt | Brust, Magen, Lunge | Kohlenhydrate

2026

JANUAR

KW	Mo	Di	Mi	Do	Fr	Sa	So
1				1	2	3	4
2	5	6	7	8	9	10	11
3	12	13	14	15	16	17	18
4	19	20	21	22	23	24	25
5	26	27	28	29	30	31	

FEBRUAR

KW	Mo	Di	Mi	Do	Fr	Sa	So
5							1
6	2	3	4	5	6	7	8
7	9	10	11	12	13	14	15
8	16	17	18	19	20	21	22
9	23	24	25	26	27	28	

MÄRZ

KW	Mo	Di	Mi	Do	Fr	Sa	So
9							1
10	2	3	4	5	6	7	8
11	9	10	11	12	13	14	15
12	16	17	18	19	20	21	22
13	23	24	25	26	27	28	29
14	30	31					

APRIL

KW	Mo	Di	Mi	Do	Fr	Sa	So
14			1	2	3	4	5
15	6	7	8	9	10	11	12
16	13	14	15	16	17	18	19
17	20	21	22	23	24	25	26
18	27	28	29	30			

MAI

KW	Mo	Di	Mi	Do	Fr	Sa	So
18					1	2	3
19	4	5	6	7	8	9	10
20	11	12	13	14	15	16	17
21	18	19	20	21	22	23	24
22	25	26	27	28	29	30	31

JUNI

KW	Mo	Di	Mi	Do	Fr	Sa	So
22	1	2	3	4	5	6	7
23	8	9	10	11	12	13	14
24	15	16	17	18	19	20	21
25	22	23	24	25	26	27	28
26	29	30					

JULI

KW	Mo	Di	Mi	Do	Fr	Sa	So
27			1	2	3	4	5
28	6	7	8	9	10	11	12
29	13	14	15	16	17	18	19
30	20	21	22	23	24	25	26
31	27	28	29	30	31		

AUGUST

KW	Mo	Di	Mi	Do	Fr	Sa	So
31						1	2
32	3	4	5	6	7	8	9
33	10	11	12	13	14	15	16
34	17	18	19	20	21	22	23
35	24	25	26	27	28	29	30
36	31						

SEPTEMBER

KW	Mo	Di	Mi	Do	Fr	Sa	So
36		1	2	3	4	5	6
37	7	8	9	10	11	12	13
38	14	15	16	17	18	19	20
39	21	22	23	24	25	26	27
40	28	29	30				

OKTOBER

KW	Mo	Di	Mi	Do	Fr	Sa	So
40				1	2	3	4
41	5	6	7	8	9	10	11
42	12	13	14	15	16	17	18
43	19	20	21	22	23	24	25
44	26	27	28	29	30	31	

NOVEMBER

KW	Mo	Di	Mi	Do	Fr	Sa	So
44							1
45	2	3	4	5	6	7	8
46	9	10	11	12	13	14	15
47	16	17	18	19	20	21	22
48	23	24	25	26	27	28	29
49	30						

DEZEMBER

KW	Mo	Di	Mi	Do	Fr	Sa	So
49		1	2	3	4	5	6
50	7	8	9	10	11	12	13
51	14	15	16	17	18	19	20
52	21	22	23	24	25	26	27
53	28	29	30	31			

BESONDERE DATEN 2026

Phasen des rückläufigen Merkurs im Jahr 2026

Die Phasen, in denen Merkur rückläufig ist, eignen sich prima, um altes, bereits einmal gelerntes Wissen aufzufrischen, eine Sprache zu wiederholen oder Dinge zu korrigieren und erneut zu überdenken. Missverständnisse und Kommunikationsprobleme sind in dieser Zeit allerdings keine Seltenheit – achte während dieser Zeit genau auf deine Worte und Gedanken. Dieser Planet ist gut drei Mal pro Jahr rückläufig für 21 Tage.

26.2. bis 20.3.2026   26.6. bis 24.7.2026   24.10. bis 13.11.2026

Wende- oder Schwendtage

Sogenannte »Schwendtage« kannst du gut nutzen, um etwas zu verändern: Altes oder Unerwünschtes darf an diesen Tagen abgeschlossen, losgelassen oder aufgeräumt werden. Diese Daten sind jedes Jahr gleich.

Januar: 2.–4. | 18.
Februar: 3. | 6. | 8. | 16.
März: 13.–15. | 29.
April: 19.
Mai: 3. | 10. | 22. | 25.
Juni: 17. | 30.
Juli: 19. | 22. | 28.
August: 1. | 17. | 21.–22. | 29.
September: 21.–28.
Oktober: 3. | 6. | 11.
November: 12.
Dezember: keine

Sternschnuppen 2026

Wünsche dir etwas im Stillen und lasse Wunder wahr werden ...

Quadrantiden:	28.12. bis 12.1. (Maximum am 3.1.)
Lyriden:	16.4. bis 25.4. (Maximum am 21.4.)
Eta-Aquariiden:	19.4. bis 28.5. (Maximum am 5.5.)
Arietiden:	22.5. bis 2.7. (Maximum am 7.6.)
Perseiden:	17.7. bis 24.8. (Maximum am 12.8.)
Alpha-Aurigiden:	28.8. bis 5.9. (Maximum am 1.9.)
Orioniden:	2.10. bis 7.11. (Maximum am 21.10.)
Leoniden:	14.11. bis 21.11. (Maximum am 17.11.)
Geminiden:	4.12. bis 17.12. (Maximum am 13.12.)
Ursiden:	17.12. bis 26.12. (Maximum am 21.12.)

1·2026

1	Do	
2	Fr	(w)
3	Sa	🌠 (w) ○
4	So	(w)
5	Mo	
6	Di	
7	Mi	
8	Do	
9	Fr	
10	Sa	◐
11	So	
12	Mo	
13	Di	
14	Mi	
15	Do	
16	Fr	
17	Sa	
18	So	(w) ●
19	Mo	
20	Di	
21	Mi	
22	Do	
23	Fr	
24	Sa	
25	So	
26	Mo	◐
27	Di	
28	Mi	
29	Do	
30	Fr	
31	Sa	

2·2026

1	So	○
2	Mo	
3	Di	(w)
4	Mi	
5	Do	
6	Fr	(w)
7	Sa	
8	So	(w)
9	Mo	◐
10	Di	
11	Mi	
12	Do	
13	Fr	
14	Sa	
15	So	
16	Mo	(w)
17	Di	●
18	Mi	
19	Do	
20	Fr	
21	Sa	
22	So	
23	Mo	
24	Di	◐
25	Mi	
26	Do	☿ᴿ
27	Fr	
28	Sa	

3·2026

1	So	
2	Mo	
3	Di	○
4	Mi	
5	Do	
6	Fr	
7	Sa	
8	So	
9	Mo	
10	Di	
11	Mi	◐
12	Do	
13	Fr	(ω)
14	Sa	(ω)
15	So	(ω)
16	Mo	
17	Di	
18	Mi	
19	Do	●
20	Fr	
21	Sa	
22	So	
23	Mo	
24	Di	
25	Mi	◐
26	Do	
27	Fr	
28	Sa	
29	So	(ω)
30	Mo	
31	Di	

4·2026

1	Mi	
2	Do	○
3	Fr	
4	Sa	
5	So	
6	Mo	
7	Di	
8	Mi	
9	Do	
10	Fr	◐
11	Sa	
12	So	
13	Mo	
14	Di	
15	Mi	
16	Do	
17	Fr	●
18	Sa	
19	So	(ω)
20	Mo	
21	Di	🌠
22	Mi	
23	Do	
24	Fr	◐
25	Sa	
26	So	
27	Mo	
28	Di	
29	Mi	
30	Do	

5·2026

1	Fr	○
2	Sa	
3	So	☄
4	Mo	
5	Di	⭐
6	Mi	
7	Do	
8	Fr	
9	Sa	◐
10	So	☄
11	Mo	
12	Di	
13	Mi	
14	Do	
15	Fr	
16	Sa	●
17	So	
18	Mo	
19	Di	
20	Mi	
21	Do	
22	Fr	☄
23	Sa	◐
24	So	
25	Mo	☄
26	Di	
27	Mi	
28	Do	
29	Fr	
30	Sa	
31	So	○

6·2026

1	Mo	
2	Di	
3	Mi	
4	Do	
5	Fr	
6	Sa	
7	So	⭐
8	Mo	◐
9	Di	
10	Mi	
11	Do	
12	Fr	
13	Sa	
14	So	
15	Mo	●
16	Di	
17	Mi	☄
18	Do	
19	Fr	
20	Sa	
21	So	
22	Mo	◐
23	Di	
24	Mi	
25	Do	
26	Fr	☿ᴿ
27	Sa	
28	So	
29	Mo	
30	Di	☄ ○

7 · 2026

1 Mi	
2 Do	
3 Fr	
4 Sa	
5 So	
6 Mo	
7 Di	☽
8 Mi	
9 Do	
10 Fr	
11 Sa	
12 So	
13 Mo	
14 Di	●
15 Mi	
16 Do	
17 Fr	
18 Sa	
19 So	(ω)
20 Mo	
21 Di	☽
22 Mi	(ω)
23 Do	
24 Fr	
25 Sa	
26 So	
27 Mo	
28 Di	(ω)
29 Mi	○
30 Do	
31 Fr	

8 · 2026

1 Sa	(ω)
2 So	
3 Mo	
4 Di	
5 Mi	
6 Do	☽
7 Fr	
8 Sa	
9 So	
10 Mo	
11 Di	
12 Mi	☄ ●
13 Do	
14 Fr	
15 Sa	
16 So	
17 Mo	(ω)
18 Di	
19 Mi	
20 Do	☽
21 Fr	(ω)
22 Sa	(ω)
23 So	
24 Mo	
25 Di	
26 Mi	
27 Do	
28 Fr	○
29 Sa	(ω)
30 So	
31 Mo	

9·2026

1	Di	☄
2	Mi	
3	Do	
4	Fr	◐
5	Sa	
6	So	
7	Mo	
8	Di	
9	Mi	
10	Do	
11	Fr	●
12	Sa	
13	So	
14	Mo	
15	Di	
16	Mi	
17	Do	
18	Fr	◐
19	Sa	
20	So	
21	Mo	(ω)
22	Di	(ω)
23	Mi	(ω)
24	Do	(ω)
25	Fr	(ω)
26	Sa	(ω) ○
27	So	(ω)
28	Mo	(ω)
29	Di	
30	Mi	

10·2026

1	Do	
2	Fr	
3	Sa	(ω) ◐
4	So	
5	Mo	
6	Di	(ω)
7	Mi	
8	Do	
9	Fr	
10	Sa	●
11	So	(ω)
12	Mo	
13	Di	
14	Mi	
15	Do	
16	Fr	
17	Sa	
18	So	◐
19	Mo	
20	Di	
21	Mi	☄
22	Do	
23	Fr	
24	Sa	☿ᴿ
25	So	
26	Mo	○
27	Di	
28	Mi	
29	Do	
30	Fr	
31	Sa	

11 · 2026

1	So	◐
2	Mo	
3	Di	
4	Mi	
5	Do	
6	Fr	
7	Sa	
8	So	
9	Mo	●
10	Di	
11	Mi	
12	Do	(w)
13	Fr	
14	Sa	
15	So	
16	Mo	
17	Di	🌠 ◐
18	Mi	
19	Do	
20	Fr	
21	Sa	
22	So	
23	Mo	
24	Di	○
25	Mi	
26	Do	
27	Fr	
28	Sa	
29	So	
30	Mo	

12 · 2026

1	Di	◐
2	Mi	
3	Do	
4	Fr	
5	Sa	
6	So	
7	Mo	
8	Di	
9	Mi	●
10	Do	
11	Fr	
12	Sa	
13	So	🌠
14	Mo	
15	Di	
16	Mi	
17	Do	◐
18	Fr	
19	Sa	
20	So	
21	Mo	🌠
22	Di	
23	Mi	
24	Do	○
25	Fr	
26	Sa	
27	So	
28	Mo	
29	Di	
30	Mi	◐
31	Do	

GLOSSAR

Flow (englisch). Fluss

Holistisch. Ganzheitlich

Inneres Kind. Im Inneren eines erwachsenen Menschen lebt dieser junge Persönlichkeitsanteil in Form eines »Kindes« in ewiger, strahlender Jugend das ganze Leben über weiter und ist entscheidend für das Erleben von Leichtigkeit und die Gesundheit der Seele.

Mondlicht-Momente. Kosmisch-magische, elementare, naturverbundene, spirituelle, lichtvolle, interdimensionale Momente, in denen der Lichtkörper aktiviert ist und eine harmonische Verschmelzung mit dem Universum erfahren wird.

lunar (lateinisch). *Luna,* der Mond

Stellar (lateinisch). *Stella,* der Stern

Synergie. Harmonisches Zusammenwirken von Energien. Harmonische Energie, die auf Synchronizität und analogischem Einklang beruht.

ÜBER DIE AUTORIN

Christine Uri, Astrologin, Yogalehrerin und Medium. Die Visionen und Lehren, die sie aus den höheren stellaren Dimensionen empfängt, drückt sie auf kreative Weise in Form von künstlerischen Projekten aus. Sie arbeitet interdimensional in ihrer Praxis *Astraliyah*, und ihre Artefakte sind Geschenke der geistigen Welt.

Die Idee für ihren ersten Mondkalender für Eltern und Kinder erhielt sie auf metaphysische Weise von einer plejadischen Fee namens Aaliyah, während sie in Würzburg Grundschullehramt mit Anglistik studierte. Das Bild der Mondsichelmadonna und Marienerscheinungen inspirierten sie zur »lunaren Erziehung«, eine wahrhaft naturverbundene, spirituelle, innovative, astropädagogische Methode, die auf altem, holistischem Wissen basiert.

Aaliyah: »Möge dieses Buch in Liebe geteilt werden und durch die Anwendung eine Schwingungserhöhung der Tage in die nächsthöhere Oktave des lunaren Bewusstseins auf diesem Planeten erfolgen. Möge diese Methode in Synergieschulen Anwendung finden, deren Lehrpläne astrologisch definiert sind.«

Christine: »Es ist meine Vision, die Astrologie zu pädagogisieren. Dieser Kalender könnte den Weg weisen zu einer Art ›Astro-Pädagogik‹ und das Interesse an Kinderastrologie erwecken bzw. intensivieren – eine Innovation, die dem Schulsystem sicherlich in den nächsten Jahren bevorsteht, denn: Das Leuchten der Sterne spiegelt sich in den Augen der Kinder.«

Besuchen Sie gerne auch die Website der Autorin: *www.astraliyah.com*

Weiterführende Informationen zu
Büchern, Autoren und den Aktivitäten
des Silberschnur Verlages erhalten Sie unter:
www.silberschnur.de

Natürlich können Sie uns auch gerne den
Antwort-Coupon aus dem beiliegenden
Lesezeichenflyer zusenden.

Ihr Interesse wird belohnt!

288 Seiten, broschiert
ISBN 978-3-89845-130-7
€ [D] 17,90

Andrea Buchholz

Astrologische Geheimnisse entschlüsselt

Juwelen aus der Astro-Schatztruhe

Die aus dem TV bekannte Astrologin Andrea Buchholz offenbart Ihnen in ihrem neuen Buch all ihre kleinen und großen astrologischen Tricks und Geheimnisse. Die Autorin hat für Sie ein Kompendium zusammengestellt, das an Klarheit und Übersichtlichkeit kaum Wünsche offen lässt. So werden Ihnen die wichtigsten Fragen zu Partnerschaft, Liebe und Sex, Gesundheit, Beruf und Begabung, Karmaastrologie, sensitiven Punkten, Lotto und Astrologie sowie vieles Interessante mehr kurz und prägnant in witziger und verständlicher Art und Weise erklärt.

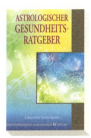

160 Seiten, broschiert
ISBN 978-3-89845-453-7
€ [D] 8,00

Christine Lindemann

Astrologischer Gesundheitsratgeber

Astrologie hilft beim Verständnis und der Heilung von Krankheiten.
Die Astrologie ist seit der Antike eine der vier Säulen der Heilkunde – und auch heute hilft das Verständnis über die Zuordnung der menschlichen Organe und Körperregionen zu den 12 Tierkreiszeichen enorm bei der Heilung. Christine Lindemann liefert nicht nur Zugänge zum tieferen Verständnis eigener Krankheitssymptome. Sie zeigt darüber hinaus wirksame und oft verblüffende Wege, um Körper und Seele mithilfe der Astrologie zu stärken.
Um dieses praktische Buch nutzen zu können, brauchen Sie keine astrologischen Vorkenntnisse.

208 Seiten, broschiert
ISBN 978-3-89845-326-4
€ [D] 8,00

Jean-Marie Paffenhoff & Monique Paffenhoff

Heilsteine für dein Sternzeichen

Die magische Verbindung der Edelsteine mit deinem Sternzeichen.
Edelsteinen werden seit jeher große Kräfte zugesprochen, mit ihnen zu heilen hat eine lange Tradition.
In diesem Buch erfährst du, welche Edelsteine mit deinem Sternzeichen harmonieren und welche Heilkräfte diesen Steinen innewohnen. Es zeigt, wie du deinen persönlichen Stein findest und wie dieser angewendet und programmiert wird.
Die praktischen Hinweise zur Meditation mit Steinen und zur Herstellung und Anwendung heilender Edelsteintinkturen helfen dir, die verborgene Kraft der Steine für dich zu nutzen.
Entdecke die Energie deiner Edelsteine ...

45 runde, farbige Karten,
Ø 10 cm, mit Begleitbuch,
160 Seiten, broschiert, in Box
ISBN 978-3-89845-363-9
€ [D] 22,00

Scott Alexander King
Krafttiere für Kinder

Ein Kind in unserer modernen Welt zu sein, ist manchmal schwierig, wenn man eine Entscheidung treffen muss, es einem nicht gut geht oder man traurig ist. Wie schön, wenn man dann einen Freund hat, mit dem man reden kann, der zuhört und hilft. Krafttiere sind diese liebevollen Freunde, die dich unterstützen, dir helfen und dich beraten. Schon die alten Kulturen wussten, dass wir mit den Tieren kommunizieren und von ihnen lernen können. Auch du kannst mit den Tieren sprechen, und dieses wunderschön illustrierte Kartenset hilft dir dabei, die Botschaften der Tiere zu verstehen. Wann immer du den Krafttieren deine Sorgen und Ängste mitteilst, werden sie dir Antwort auf deine Fragen geben, dir Kraft und Vertrauen spenden und dich auf deinem Weg durch das Leben begleiten.

256 Seiten, 2-fbg., broschiert
ISBN 978-3-89845-394-3
€ [D] 16,95

Jessica Lütge
Die spirituelle Schatzkiste für Familien
111 Ideen und Spiele

In diesem Buch erfahren Sie mit Ihrer Familie, wie Sie sich gemeinsam wahrnehmen und spüren, sich spielerisch und lichtvoll vertrauen und wie Sie kreativ sein und zuversichtlich werden können.
Sie finden viele Tipps, Ideen, Spiele, gemeinsame Entspannungsangebote und Wohlfühlmomente. Manche bringen ganz schnell wieder frische Energie, andere zaubern ganz viele glückliche Momente und wieder andere lassen ein besonderes Gemeinschaftsgefühl entstehen. Das Schöne daran: Sie können alle Angebote mit Ihren Kindern gemeinsam ausprobieren, mit den kleineren und den größeren.

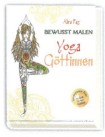

88 Seiten, gebunden
ISBN 978-3-89845-531-2
€ [D] 9,95

Alira Fay
Bewusst malen – Yoga-Göttinnen

Gönnen Sie sich eine kreative Ruhepause im Alltag. 36 wunderschöne Yoga-Göttinnen laden in diesem zauberhaften Ausmalbuch zum Kolorieren und zum Kreativwerden ein. Jedes Bild wird von einem kleinen inspirativen Spruch begleitet. Eine Hommage an die Weiblichkeit – denn in jeder Frau steckt eine Göttin!
Begeben Sie sich auf die Entdeckungsreise zu Ihrer eigenen Weiblichkeit und erwecken Sie durch den wohltuenden Zauber des Ausmalens die Göttin auch in Ihnen selbst. Seien Sie verspielt und kreativ! Lassen Sie Ihr Herz kommunizieren und Ihre Farben blühen. Sie werden überrascht sein, was das alles auslösen kann ...

256 Seiten, Klappenbroschur
ISBN 978-3-89845-617-3
€ [D] 12,00

Manfred Mohr
Deine Zahlen – deine Sterne
... sich selbst erkennen – andere verstehen

Jeder von uns hat doch einen schwierigen Chef, merkwürdige Kollegen oder eine Schwiegermutter, mit der der Umgang manchmal kompliziert und herausfordernd sein kann. Mit Hilfe der 108 Charaktertypen kann es auf einfache Weise gelingen, das Verhalten dieser Menschen besser zu verstehen und leichter mit ihnen umzugehen.

»Deine Zahlen – deine Sterne« lädt ein zur humorvollen Selbsterkenntnis und entspannten Akzeptanz der eigenen Stärken und Schwächen – dicht gefolgt von der wachsenden Fähigkeit, deine Mitmenschen wie dich selbst immer mehr mit einem Augenzwinkern so nehmen zu können, wie wir nun einmal sind.
Mit vielen prominenten Beispielen.

208 Seiten, 2-farbig, broschiert
ISBN 978-3-89845-610-4
€ [D] 12,00

Anjana Gill
Danke, liebes Universum
95,7% Wunscherfüllung

Du und das Universum – da geht was!
Es funktioniert tatsächlich. Absolut faszinierend. Das Universum erfüllt Wünsche. Seit ich angefangen habe, das Universum zu 'testen', kann ich nur noch lachen, staunen und mich freuen. Es ist fast unglaublich, was auf einmal alles möglich ist.
Die Frage ist jetzt doch nur noch: Wird das Universum auch deine Wünsche erfüllen? Ja klar, wird es das.
Locker und mit viel Witz zeigt Anjana Gill dir, wie auch du deine Wünsche vom Universum erfüllt bekommst.
Und am Ende bleibt nur zu sagen: We love the universe.

144 Karten mit Kurzanleitung,
inkl. Miniposter, in Box
EAN 4260075280-28-8
€ [D] 25,00

Franziska Krattinger
Die Kraft der 144 Schalt- und Machtworte

Es ist schwer, eingefahrene Wege zu verlassen und wirklich etwas in seinem Leben zu verändern. Die 144 wirkungsvollen Karten mit Schalt- und Machtworten helfen dabei, denn sie erwecken die uns innerwohnende positive Macht zur selbstbestimmten Veränderung von Situationen und Vorhaben. Eines dieser Worte genügt bereits, um einen unterbrochenen energetischen Fluss wieder zum Laufen zu bringen und so alles zum Besten zu lenken! Schalten auch Sie einfach um – und beobachten Sie die positiven Veränderungen in Ihrem täglichen Leben. Sie haben WIRKLICH die Macht dazu!

192 Seiten, durchgehend
farbig gestaltet, Flexocover
ISBN 978-3-89845-657-9
€ [D] 32,00

Horst Oberle
Das große Buch der Klangschalen
Die Kraft der Singing Bowls
Geschichte · Herstellung · Auswahl · Klangmassage · Meditation

Neben der Vorstellung verschiedener Klangschalenvarianten und -übungen bietet dieses Praxisbuch einen Überblick über ihre Geschichte, Herstellung und Pflege und lehrt eine individuelle und intuitive Anwendung.
Schenken Sie Ihrem Leben wieder Harmonie. Klangschalen bringen unser Körperwasser in harmonische Schwingungen, lösen Verspannungen, aktivieren Selbstheilungskräfte und lassen uns tiefenentspannen.
Bringen Sie Ihr Leben in Klang und Ihre Seele zum Schwingen!

128 Seiten, 4-farbig,
wattiert, gebunden
ISBN 978-3-89845-499-5
€ [D] 15,00

Irene Lauretti
Mit der Kraft deiner Hände
Energieheilgriffe für schnelles Wohlbefinden

Egal, wo Sie gerade sind oder wie viel Zeit Sie haben – Sie können jederzeit schnell und effektiv Ihre Gesundheit stärken, Beschwerden lindern und Ihre Energiereserven auffüllen.
Irene Lauretti zeigt Ihnen, wie Sie Ihre Selbstheilungskräfte mobilisieren. Alles, was Sie dafür benötigen, sind Ihre Hände. Durch sanftes Halten der Finger und Berühren bestimmter Energiepunkte am Körper erreichen Sie jeden Bereich Ihres Seins. Die Heilgriffe geben Ihnen in jedem Augenblick genau das, was Ihr Körper und Ihre Seele gerade benötigen!
Erreichen Sie ab sofort einfach und schnell mehr Wohlbefinden, Gesundheit und Vitalität!

39 farbige Karten, mit
Kurzanleitung, in Box
EAN 4260075280-32-5
€ [D] 25,00

Brigitte Nolting
Wellness- und Aromaöle für jeden Tag
39 Karten für die Anwendung ätherischer Öle

Ob Verspannungen, Hautprobleme oder Stress, ätherische Öle können viele Beschwerden lindern. Sie entspannen, fördern die Gesundheit und streicheln die Seele.
Dieses Kartenset bietet Ihnen einen grundlegenden und einfachen Einstieg in die Welt der ätherischen Öle. Praktische Anwendungsbeispiele der Öle für Körper und Seele, als Raumduft oder in der Aromaküche, machen Lust, die wirkungsvolle »Duftmedizin« selbst zu testen.

Adressen & Notizen

Adressen & Notizen

Adressen & Notizen

Adressen & Notizen

Adressen & Notizen

Adressen & Notizen